# DIPENDENZA AFFETTIVA

## Liberati dalle catene dell'amore malato

**Supera la Sofferenza ed Esci dalle Relazioni Tossiche con un Percorso di Crescita Personale per ritrovare Felicità e Libertà**

*Di Italo Villa*

# Sommario

# Capitolo 1: Le catene invisibili dell'amore: cos'è la dipendenza affettiva?

La dipendenza affettiva è un disturbo relazionale che si manifesta attraverso un attaccamento eccessivo e patologico verso un'altra persona, al punto da compromettere la propria autonomia emotiva e il benessere psicologico. Questa condizione va oltre la normale interdipendenza che si trova nelle relazioni sane, trasformandosi in una necessità ossessiva di approvazione, attenzione e affetto da parte del partner.

La principale caratteristica della dipendenza affettiva è la perdita di autostima che viene condizionata dall'altra persona. Il dipendente affettivo spesso percepisce il rapporto come vitale per la propria esistenza, arrivando a tollerare comportamenti negativi e talvolta abusivi pur di non perdere il legame con il partner. Questa condizione può portare a decisioni autolesionistiche, ignorare i propri bisogni e sacrificare i propri valori, il che illustra la gravità del legame disfunzionale.

A differenza dell'attaccamento sano, che è caratterizzato da amore, rispetto reciproco, e il sostegno di uno sviluppo individuale indipendente, la dipendenza affettiva si basa sulla paura di essere abbandonati e sull'incapacità di sentirsi completi e soddisfatti senza il partner. Nelle relazioni sane, entrambi i partner mantengono la propria identità, perseguendo i propri interessi e mantenendo le proprie reti sociali, senza però sentirsi minacciati dalla separazione fisica o emotiva.

Uno dei segnali più evidenti della dipendenza affettiva è la tendenza a idealizzare il partner, ignorando o minimizzando i suoi difetti. Ciò si accompagna spesso a un costante bisogno di rassicurazione, che può manifestarsi attraverso comportamenti di controllo o richieste incessanti di conferma dell'amore e dell'attaccamento. Inoltre, il dipendente affettivo può mostrare segni di ansia, depressione o irritabilità quando si sente insicuro riguardo alla relazione.

La dipendenza affettiva è spesso radicata in esperienze infantili di attaccamento insicuro, dove il bambino potrebbe non aver ricevuto cure consistenti o adeguate. Questo può portare a sviluppare una percezione distorta delle relazioni interpersonali, vedendo l'amore come qualcosa che deve essere guadagnato o che può essere facilmente perso. Tale visione può persistere nell'età adulta, rendendo la persona vulnerabile a relazioni dove l'equilibrio di potere è fortemente sbilanciato.

Affrontare e superare la dipendenza affettiva richiede un lavoro interiore profondo, spesso con il supporto di un terapeuta. Il processo include il riconoscimento dei modelli disfunzionali, la revisione delle aspettative relazionali e l'apprendimento di come costruire relazioni basate su un attaccamento sicuro. Attraverso queste fasi, la persona può gradualmente recuperare l'autostima e l'autonomia, fondamentali per instaurare legami affettivi sani e reciprocamente soddisfacenti.

Le cause psicologiche della dipendenza affettiva sono complesse e profondamente radicate nelle esperienze emotive di un individuo, spesso iniziate sin dall'infanzia. Tra i fattori principali, la paura dell'abbandono, la bassa autostima e le esperienze traumatiche giocano ruoli cruciali nello sviluppo di questo tipo di dipendenza. Comprendere queste cause può aiutare non solo nel riconoscimento dei segnali di allarme ma anche nel processo di guarigione.

La paura dell'abbandono è uno dei pilastri centrali della dipendenza affettiva. Questo timore spesso origina da un'infanzia in cui le figure di attaccamento primarie erano inconsistenti, imprevedibili o emotivamente distaccate. I bambini che crescono in tali ambienti possono diventare adulti che vedono la separazione o la perdita come minacce devastanti al proprio benessere emotivo. Questa paura può portare a comportamenti di attaccamento eccessivo e a una dipendenza smisurata dal partner per la validazione e la sicurezza emotiva.

La bassa autostima è un altro importante fattore che contribuisce alla dipendenza affettiva. Quando le persone non vedono sé stesse come degni o sufficienti da soli, possono cercare conferma esterna del loro valore attraverso le relazioni. Questo può derivare da messaggi ricevuti durante l'infanzia che legavano il valore personale al compiacimento degli altri o al successo nelle relazioni interpersonali. Questa insicurezza intrinseca può rendere una persona eccessivamente dipendente dal giudizio del partner, percependo ogni critica o disaccordo come un rifiuto totale.

Inoltre, le esperienze traumatiche durante l'infanzia, come l'abuso fisico, emotivo o la negligenza, possono lasciare cicatrici psicologiche profonde che influenzano le relazioni adulte. Le vittime di tali traumi possono sviluppare una visione distorta delle relazioni, dove l'amore e il dolore sono intrecciati. Questa confusione può portare a legami in cui la sofferenza e il bisogno di approvazione si alimentano a vicenda, rinforzando il ciclo della dipendenza affettiva.

Questi aspetti psicologici si intrecciano spesso con fattori biologici, come la predisposizione genetica all'ansia o alla depressione, che possono esacerbare la sensazione di dipendenza. I comportamenti appresi in risposta a queste condizioni possono diventare modelli di coping disfunzionali, dove la persona dipendente cerca costantemente conferme esterne per gestire sentimenti interni di ansia o insufficienza.

Riconoscere queste cause psicologiche è essenziale per interrompere il ciclo della dipendenza affettiva. Il lavoro terapeutico può aiutare a ristrutturare questi modelli di pensiero radicati, promuovendo uno sviluppo di relazioni più sane e una maggiore consapevolezza di sé. Attraverso la terapia, le persone possono imparare a valorizzarsi indipendentemente dalle loro relazioni, a stabilire confini sani e a sviluppare strategie di coping più efficaci per affrontare la paura dell'abbandono.

Le cause biologiche della dipendenza affettiva illuminano come le strutture e le funzioni cerebrali, insieme ai processi biochimici, contribuiscano significativamente a questa condizione. I neurotrasmettitori e i circuiti cerebrali, in particolare, giocano un ruolo cruciale, poiché modulano le emozioni e i comportamenti che caratterizzano la dipendenza affettiva.

Il cervello umano è un organo complesso che regola tutte le nostre percezioni, pensieri e emozioni. Specifici circuiti neurali e neurotrasmettitori sono responsabili del modo in cui sperimentiamo l'attaccamento e l'amore, oltre a influenzare la nostra capacità di gestire la paura e l'ansia, elementi spesso presenti in modo eccessivo nelle persone con dipendenza affettiva. Tra i neurotrasmettitori più significativi in questo contesto troviamo la dopamina, l'ossitocina e la serotonina.

La dopamina è comunemente associata alle vie della ricompensa del cervello. Questo neurotrasmettitore viene rilasciato in risposta a stimoli piacevoli, inclusi quelli legati alle interazioni sociali e romantiche. Nelle persone con dipendenza affettiva, il sistema di ricompensa può essere iperattivo o alterato in modo che la presenza o anche solo l'anticipazione dell'attenzione da parte del partner possa innescare un rilascio eccessivo di dopamina. Questo processo può portare a una sorta di "assuefazione", dove il bisogno di attenzioni diventa sempre più impellente, rafforzando la dipendenza comportamentale verso il partner.

L'ossitocina, nota anche come l'ormone dell'attaccamento, svolge un ruolo fondamentale nel formare e mantenere legami stretti, inclusi quelli tra madre e figlio e tra partner romantici. Tuttavia, livelli disfunzionali di ossitocina possono contribuire a legami affettivi non salutari, potenziando il bisogno di costante vicinanza fisica e emotiva e aumentando la sensibilità al rifiuto e all'abbandono.

La serotonina, un altro neurotrasmettitore chiave, è essenziale nella regolazione dell'umore e dell'ansia. Bassi livelli di serotonina sono spesso associati a depressione e disturbi d'ansia, condizioni che possono coesistere e aggravare la dipendenza affettiva. Questa associazione suggerisce che l'insufficienza di serotonina può rendere una persona meno capace di affrontare lo stress emotivo, rendendola più vulnerabile a cercare conforto in relazioni dipendenti.

Al di là dei neurotrasmettitori, la struttura e la funzione di certe aree cerebrali, come l'amigdala e il sistema limbico, che sono centrali nella gestione delle emozioni e delle risposte al pericolo, possono essere alterate in individui con dipendenza affettiva. Queste alterazioni possono influenzare la capacità di una persona di processare e rispondere in modo appropriato alle dinamiche relazionali, spesso portando a percezioni distorte che alimentano la dipendenza.

Queste scoperte biologiche non solo aiutano a comprendere meglio la natura della dipendenza affettiva, ma offrono anche spunti per potenziali approcci terapeutici. Interventi che mirano a regolare l'attività dei neurotrasmettitori attraverso farmaci o terapie comportamentali possono offrire sollievo e supporto nel processo di recupero. Le manifestazioni comportamentali della dipendenza affettiva si riflettano in questi aspetti biologici, collegando ulteriormente le cause biologiche agli effetti tangibili nella vita quotidiana di chi soffre di questa condizione.

Le manifestazioni comportamentali della dipendenza affettiva riflettono le intense lotte interne che vivono gli individui colpiti. Questi comportamenti possono variare ampiamente, ma alcuni dei più comuni includono gelosia eccessiva, paura di essere soli e difficoltà a prendere decisioni in modo autonomo. Questi segnali, se non riconosciuti e trattati, possono deteriorare significativamente la qualità della vita dell'individuo e delle persone intorno a lui.

La gelosia eccessiva è spesso uno dei sintomi più evidenti e distruttivi della dipendenza affettiva. Questa non è una semplice inquietudine occasionale che si può verificare in qualsiasi relazione sana; piuttosto, si tratta di una paura ossessiva di perdere il partner, che può portare a comportamenti estremi come controllare continuamente dove si trova il partner, con chi è e cosa sta facendo. Questo può risultare in un enorme stress sia per il dipendente affettivo sia per il partner, erodendo la fiducia e la reciprocità che sono vitali per una relazione sana.

Un altro tratto distintivo è la paura di essere soli. Persone con dipendenza affettiva spesso si percepiscono incapaci di essere felici o complete senza il loro partner. Questo può portare a una costante ricerca di compagnia, evitando momenti di solitudine che sono invece normali e spesso necessari in una vita equilibrata. Questa paura può estendersi fino al punto di rimanere in relazioni dannose o insoddisfacenti, semplicemente per evitare il vuoto percepito dell'essere soli.

In aggiunta, c'è una marcata difficoltà nel prendere decisioni in modo autonomo. Individui affetti da dipendenza affettiva spesso si affidano eccessivamente ai loro partner per le decisioni quotidiane, dalle scelte minime come cosa mangiare per cena, fino a decisioni più significative come scelte di carriera o finanziarie. Questa indecisione nasce dalla paura di commettere errori che potrebbero, nella loro percezione, portare al rifiuto o all'abbandono.

Questi comportamenti sono spesso accompagnati da un'alta reattività emotiva. Piccoli cambiamenti nel tono della voce del partner o lievi modifiche nella routine quotidiana possono essere interpretati come segni di un imminente abbandono, scatenando reazioni emotive intense e spesso sproporzionate. Questa sensibilità può portare a frequenti conflitti, malintesi e una comunicazione deteriorata, che rendono la relazione ancora più instabile.

La dipendenza affettiva può anche manifestarsi attraverso sacrifici personali eccessivi. Le persone dipendenti possono trascurare i propri bisogni, hobby e persino amicizie, concentrando tutta la loro energia e risorse nella relazione. Questo disallineamento rispetto ai propri valori e interessi può condurre a una perdita di identità e a una diminuzione della propria autostima.

La dipendenza affettiva, se non riconosciuta e gestita, può avere un impatto profondo e pervasivo sulla vita quotidiana di un individuo. Questo disturbo non solo destabilizza le relazioni romantiche, ma si estende anche ad altri ambiti vitali come le relazioni sociali, il lavoro e la salute personale, compromettendo la qualità generale della vita dell'individuo affetto.

Nel contesto delle relazioni sociali, la dipendenza affettiva può portare a un isolamento progressivo. Gli individui con questa condizione spesso trascurano o abbandonano le amicizie e i contatti sociali a favore del tempo trascorso con il partner o in attività che riguardano la relazione. Questo restringimento del cerchio sociale non solo riduce il supporto emotivo disponibile da altre fonti, ma aumenta anche la pressione sulla relazione romantica, ponendo entrambi i partner sotto una tensione non necessaria. Inoltre, la gelosia e il controllo eccessivi possono rendere scomode o stressanti le interazioni con amici e familiari, peggiorando ulteriormente la situazione sociale dell'individuo.

Sul fronte lavorativo, le ripercussioni possono essere altrettanto gravi. La dipendenza affettiva può causare una diminuzione della concentrazione e delle prestazioni lavorative, poiché le preoccupazioni e le ansie legate alla relazione assorbono grande parte dell'energia mentale dell'individuo. In casi estremi, la persona può arrivare a trascurare le responsabilità lavorative per gestire o monitorare la relazione, portando a conflitti sul posto di lavoro, riduzione della produttività e persino a perdite di opportunità professionali. La stabilità finanziaria può essere compromessa, con conseguenze a lungo termine sulla sicurezza personale e sulla capacità di mantenere uno standard di vita indipendente.

Dal punto di vista della salute, gli effetti della dipendenza affettiva possono manifestarsi sia fisicamente che psicologicamente. Lo stress cronico associato a questo tipo di dipendenza può causare problemi fisici come mal di testa, disturbi del sonno, problemi digestivi e un generale declino del sistema immunitario. Psicologicamente, la dipendenza affettiva è spesso accompagnata da ansia, depressione e bassa autostima, che possono deteriorare ulteriormente la salute mentale e fisica. Il ciclo di dipendenza e stress può anche portare a comportamenti non salutari come abuso di sostanze o trascuratezza personale, aggravando le condizioni generali di salute.

Questi impatti negativi sulla vita quotidiana evidenziano quanto sia importante riconoscere e affrontare la dipendenza affettiva. Senza intervento, gli individui possono ritrovarsi intrappolati in un ciclo di dipendenza e disfunzione che pervade tutti gli aspetti della loro vita, limitando il loro potenziale e la loro felicità.

Le idee sbagliate comuni riguardo alla dipendenza affettiva possono ostacolare sia il riconoscimento del problema sia la ricerca di un aiuto efficace. Sfatare questi miti è fondamentale per promuovere una maggiore comprensione e accettazione di questa condizione complessa, facilitando così un percorso di guarigione più informato e compassionevole.

Uno dei miti più persistenti è che la dipendenza affettiva sia una forma di debolezza caratteriale. Questa percezione errata può portare a giudizi e stigmatizzazione nei confronti di chi ne soffre, suggerendo che la loro situazione sia il risultato di una mancanza di volontà o di forza morale. In realtà, la dipendenza affettiva è un disturbo complesso che coinvolge una combinazione di fattori psicologici, biologici e ambientali. Non è una scelta conscia o una debolezza di carattere, ma piuttosto una condizione che richiede comprensione, trattamento e supporto.

Un altro mito diffuso è che la dipendenza affettiva colpisca esclusivamente le donne. Sebbene le ricerche mostrino che le donne possano essere diagnosticare più frequentemente, gli uomini sono altrettanto suscettibili a sviluppare dipendenze affettive. La differenza nelle statistiche può derivare dal modo in cui uomini e donne esprimono le loro emozioni o cercano aiuto per i problemi emotivi, oltre che dalle aspettative culturali riguardo ai ruoli di genere. Riconoscere che la dipendenza affettiva può influenzare chiunque, a prescindere dal genere, è essenziale per garantire che tutti ricevano il supporto di cui hanno bisogno.

Inoltre, esiste il mito secondo cui la dipendenza affettiva è semplicemente un'espressione di amore profondo e appassionato. Questa visione romantica può impedire la comprensione del vero impatto negativo che tale dipendenza può avere sulla vita di una persona. L'amore sano è costruito su rispetto, fiducia e interdipendenza, mentre la dipendenza affettiva è caratterizzata da una mancanza di autonomia e da un attaccamento eccessivo che limita la libertà personale. Distinguere tra amore sano e dipendenza affettiva è vitale per promuovere relazioni più sane e soddisfacenti.

Un altro equivoco è che la dipendenza affettiva possa essere facilmente superata semplicemente "andando avanti" o iniziando una nuova relazione. Questa idea sottovaluta la complessità della dipendenza e la necessità di un intervento terapeutico mirato. Superare la dipendenza affettiva richiede più di un cambio di partner: necessita di un lavoro interiore approfondito per affrontare le radici del problema, migliorare l'autostima e sviluppare capacità di relazione più sane.

Infine, c'è chi crede che solo le relazioni romantiche possano essere fonte di dipendenza affettiva. Sebbene questo disturbo si manifesti comunemente in contesti romantici, può anche emergere in relazioni familiari, di amicizia o persino professionali. Riconoscere la possibile ampiezza del problema è fondamentale per identificare e trattare la dipendenza affettiva in tutti i suoi possibili contesti.

# Capitolo 2: I segnali da non ignorare: come riconoscere una relazione tossica

Le dinamiche di potere squilibrate costituiscono un elemento distintivo delle relazioni tossiche e sono particolarmente rilevanti nel contesto della dipendenza affettiva. Queste dinamiche emergono quando un partner esercita un controllo eccessivo o manipolativo sull'altro, creando uno squilibrio che mina la salute e l'autonomia della relazione.

In una relazione sana, il potere è bilanciato e condiviso; entrambi i partner hanno voce in capitolo nelle decisioni, grandi e piccole, e il rispetto reciproco è alla base di ogni interazione. Invece, in una relazione tossica, spesso si osserva che un partner detiene la maggior parte, se non tutto, il potere decisionale. Questo squilibrio si manifesta in vari modi, dal controllo finanziario alla restrizione della libertà personale dell'altro partner, come limitare le interazioni sociali o l'accesso a risorse e supporto.

Il partner dominante può utilizzare diversi strumenti per mantenere e rafforzare la propria posizione di potere. Questi includono la manipolazione emotiva, come colpevolizzare il partner per problemi nella relazione o minacciare di terminare la relazione come forma di punizione. Altri metodi possono includere l'uso di critiche, umiliazioni o anche aggressioni verbali e fisiche per indebolire l'autostima del partner e rafforzare la propria posizione dominante.

Questo tipo di comportamento crea un ambiente in cui il partner meno potente si sente costantemente insicuro e in difetto. La paura di perdere la relazione o di provocare ulteriori conflitti può portare la persona dipendente affettiva a sopprimere i propri bisogni e desideri, accettando passivamente le decisioni e i desideri dell'altro. Questo processo non solo perpetua lo squilibrio di potere, ma erode anche la dignità e l'autonomia individuale, lasciando il partner dipendente in uno stato di continua vulnerabilità e insoddisfazione.

Lo squilibrio di potere in una relazione tossica non è sempre evidente agli occhi degli esterni e, talvolta, può non essere immediatamente riconoscibile nemmeno dalle persone coinvolte. Spesso, il controllo e la manipolazione si insinuano gradualmente, mascherati da gesti di cura o preoccupazione. Questo rende fondamentale per le persone nelle relazioni riconoscere i segnali di allarme e valutare attentamente la dinamica del potere all'interno del proprio rapporto.

Affrontare queste dinamiche richiede coraggio e supporto, sia internamente che da risorse esterne come amici fidati, familiari o professionisti del settore della salute mentale. Riconoscere e ammettere che la dinamica di potere è sbilanciata è il primo passo cruciale per iniziare a ripristinare l'equilibrio e muoversi verso una relazione più sana o, se necessario, verso la fine della relazione tossica.

Il gaslighting è una forma di manipolazione psicologica in cui una persona, spesso un partner in una relazione, induce l'altra a mettere in dubbio le proprie percezioni, ricordi o giudizi, portandola a una condizione di incertezza e confusione estreme. Questo termine trae origine dalla pièce teatrale del 1938 "Gas Light" e dai successivi film in cui un marito manipola la realtà per far credere alla moglie di perdere la propria sanità mentale. Nella vita reale, il gaslighting è altrettanto insidioso e può avere impatti devastanti, soprattutto su individui con dipendenza affettiva.

Le persone affette da dipendenza affettiva sono particolarmente vulnerabili al gaslighting a causa della loro innata necessità di approvazione e conferme dal loro partner. Poiché queste persone spesso dipendono emotivamente dai loro partner per la loro autostima e valore personale, il gaslighting può destabilizzare profondamente il loro senso di realtà e sicurezza interiore. La manipolazione psicologica agisce erodendo la fiducia nelle proprie capacità cognitive, aumentando la dipendenza dal manipolatore per la definizione della realtà e delle decisioni personali.

Il processo di gaslighting si svolge in varie fasi. Inizialmente, la vittima può percepire leggere incongruenze tra la propria esperienza e quello che il partner le comunica. Tuttavia, date le ripetute assicurazioni del partner e la manipolazione sottile, la vittima inizia a dubitare di sé stessa e della validità delle proprie percezioni. Con il tempo, questa costante messa in dubbio si traduce in una crescente insicurezza, ansia e, in molti casi, isolamento sociale, poiché la vittima diventa sempre più dipendente dal giudizio del partner.

Gli effetti del gaslighting sono profondi: la vittima può subire un deterioramento della salute mentale, mostrando sintomi di stress post-traumatico, depressione e ansia. Questo accade perché il costante dubbio e la paura di essere "impazziti" o incapaci di fidarsi delle proprie percezioni possono creare un ambiente interiore di costante allerta e disperazione. Inoltre, il gaslighting può condurre a una perdita di autonomia personale, dato che la vittima può ritrovarsi paralizzata da indecisioni su questioni anche banali, avendo perso fiducia nelle proprie capacità decisionali.

Affrontare il gaslighting richiede un riconoscimento precoce dei suoi segni e un intervento adeguato. È essenziale che le vittime di questa forma di abuso ottengano supporto esterno, sia da amici fidati sia da professionisti. Il supporto psicologico è cruciale non solo per ricostruire la propria autostima e fiducia, ma anche per disimparare la dipendenza dal partner abusivo per la validazione della realtà.

Il ciclo della violenza, concetto formulato dalla psicologa Lenore Walker negli anni '70, descrive le fasi ripetitive che caratterizzano molte relazioni tossiche e abusive. Questo modello è cruciale per comprendere come la violenza si manifesta e persiste all'interno delle relazioni, spesso trascinando le vittime in un vortice da cui è difficile liberarsi. Esso si articola in tre fasi principali: la fase di tensione crescente, l'episodio acuto di violenza, e la luna di miele o riconciliazione.

La **prima fase**, quella della tensione crescente, è caratterizzata da un aumento progressivo dello stress e dell'irritabilità all'interno della relazione. Durante questa fase, il partner abusivo può mostrare segni di frustrazione e insoddisfazione che si esprimono attraverso critiche, sarcasmo, gelosia e comportamenti controllanti. La tensione accumulata crea un ambiente di paura e ansia per la vittima, che spesso cammina sulle uova per evitare di scatenare reazioni negative. Nonostante gli sforzi, questi tentativi raramente prevengono l'escalation, e la fase culmina spesso in un'esplosione di violenza.

La **seconda fase** è quella dell'episodio acuto di violenza, il momento in cui la tensione si trasforma in un'aggressione aperta. Questo può includere violenza fisica, verbale, psicologica o sessuale. L'intensità di questa fase può variare significativamente, ma è sempre dannosa e spaventosa per la vittima, lasciando spesso cicatrici fisiche e emotive profonde. È in questa fase che la realtà dell'abuso diventa innegabile, sebbene la vittima possa ancora minimizzare l'accaduto per paura delle conseguenze o per la speranza che sia un evento isolato.

Segue la **terza fase**, quella della luna di miele o riconciliazione. Dopo l'attacco, l'abusatore può mostrarsi pentito, affettuoso e particolarmente attento. Può fare promesse di cambiamento, chiedere perdono, e offrire regali o gesti d'amore. Questa fase è particolarmente pericolosa perché può rafforzare il legame emotivo con la vittima e alimentare la speranza che l'abusatore possa cambiare. Inoltre, il contrasto tra la violenza subita e l'affettuosità improvvisa può generare confusione e rafforzare la dipendenza affettiva della vittima, rendendo difficile per lei rompere il ciclo.

Queste fasi si ripetono con una frequenza che può aumentare nel tempo, e ogni ciclo può rendere più difficile per la vittima prendere la decisione di lasciare la relazione. La prevedibilità del ciclo offre all'abusatore un potente strumento di controllo psicologico, poiché la vittima può venire condizionata a credere che la fase di violenza sia temporanea e che il "vero" partner sia quello affettuoso della fase di riconciliazione.

Riconoscere e comprendere il ciclo della violenza è fondamentale per chi si trova in una relazione tossica o per chi assiste qualcuno in tale situazione. Offrire informazioni su questo ciclo aiuta le vittime a identificare i modelli di abuso e a cercare aiuto per interrompere la relazione prima che il ciclo ricominci, un passo cruciale verso la guarigione e il recupero dall'abuso.

L'isolamento sociale è una tattica comune impiegata nei rapporti tossici, mirata a separare la vittima dalla sua rete di supporto. Questa strategia è particolarmente insidiosa perché priva la persona dei suoi legami affettivi e delle risorse esterne che potrebbero aiutarla a riconoscere l'abuso e, eventualmente, a liberarsene.

Un partner tossico potrebbe iniziare il processo di isolamento in modo sottile e graduale, spesso sotto la maschera di preoccupazioni per il benessere della vittima o di desiderio di trascorrere più tempo insieme. Questo può sembrare innocuo all'inizio, ma gradualmente si trasforma in un tentativo deliberato di allontanare la vittima da amici e familiari. Queste azioni possono includere critiche verso le persone care della vittima, descrivendole come negative o influenzanti in modo sbagliato, o creando situazioni che rendono difficile per la vittima mantenere contatti regolari, come spostare la residenza in una località lontana o monopolizzare il tempo libero della vittima.

Col tempo, il partner può intensificare i suoi sforzi facendo leva sulla gelosia e sulle insicurezze della vittima per giustificare il proprio comportamento. Ad esempio, può esprimere scontento o disapprovazione quando la vittima passa tempo con altre persone o partecipa a attività esterne, suggerendo che questi comportamenti sono segni di mancanza di amore o di impegno nella relazione. Questa manipolazione può indurre la vittima a ritirarsi ulteriormente dai suoi contatti abituali per evitare conflitti o per cercare di placare il partner.

L'effetto combinato di queste azioni è che la vittima si trova progressivamente isolata e dipendente dall'abusatore per supporto emotivo e sociale. Questo isolamento può aggravare la dipendenza affettiva della vittima, rendendo ancora più difficile per lei percepire la realtà dell'abuso e valutare obiettivamente la propria situazione. Senza una rete di supporto, la vittima potrebbe sentirsi impotente e sola, credendo che non ci sia via di fuga dalla relazione.

L'isolamento impedisce anche che amici e familiari possano intervenire o offrire sostegno. In molti casi, le persone care si rendono conto che qualcosa non va, ma l'allontanamento fisico ed emotivo della vittima rende difficile comunicare con lei e offrire aiuto. Inoltre, l'abusatore può manipolare le percezioni della vittima fino al punto che lei stessa può rifiutare aiuto o difendere l'abusatore, credendo che le azioni di controllo siano giustificate o siano segni di amore e preoccupazione.

L'importanza di riconoscere l'isolamento come una tattica di controllo in una relazione tossica non può essere sottolineata abbastanza. È vitale che le vittime di relazioni abusive ricevano il supporto necessario per riconnettersi con la loro rete di supporto, che può fornire la forza, le risorse e la prospettiva necessarie per lasciare l'ambiente tossico.

La svalutazione e la critica costante sono strumenti potenti impiegati nelle relazioni tossiche che colpiscono profondamente l'autostima della vittima. Queste tecniche di manipolazione non solo alimentano la dipendenza affettiva ma erodono la fiducia in sé stessi, rendendo la vittima sempre più dipendente dal giudizio del partner abusivo per la propria valutazione personale.

Le critiche continue possono iniziare con piccoli commenti negativi su aspetti apparentemente innocui, come l'abbigliamento o le scelte quotidiane, e gradualmente espandersi a critiche più personali e dolorose riguardanti le capacità, l'aspetto fisico, le convinzioni o l'intelligenza della persona. Questo flusso incessante di giudizi negativi serve a destabilizzare la vittima, spingendola a mettere in dubbio il proprio valore e le proprie capacità. Le critiche diventano così frequenti che la persona comincia a vederle come meritate, integrando queste valutazioni negative nell'immagine che ha di sé.

La svalutazione è altrettanto distruttiva. L'abusatore può sminuire i successi, gli interessi o le passioni della vittima, rendendola meno propensa a perseguire attività che potrebbero portare a una maggiore indipendenza o gioia personale. Attraverso commenti sprezzanti o ridicolizzazione, l'abusatore riduce significativamente la percezione che la vittima ha del proprio valore. Le vittorie personali e professionali sono minimizzate o ignorate, mentre gli errori o le insufficienze sono esagerati e frequentemente portati alla luce.

Questo attacco costante all'autostima della vittima serve a due scopi principali per l'abusatore: rinforzare la dipendenza emotiva e mantenere il controllo sulla relazione. Con una fiducia in sé stessi compromessa, la vittima si sente incapace di funzionare indipendentemente o di meritar meglio, intrappolata in un ciclo di dipendenza affettiva e sottomissione.

Gli effetti di tale dinamica sono profondi e duraturi. La vittima può sviluppare problemi di salute mentale come depressione, ansia e disturbi da stress post-traumatico. L'autopercezione negativa può portare a comportamenti autodistruttivi, come l'abuso di sostanze o l'autolesionismo, e a una generale perdita di interesse per la vita e le attività che un tempo erano fonte di gioia.

Affrontare questo problema richiede una riconnessione con la propria identità e valore, spesso attraverso un supporto terapeutico. Il processo di recupero include la ristrutturazione della propria autostima, il riconoscimento delle proprie capacità e qualità, e il reimparare a valutare se stessi indipendentemente dalle opinioni altrui.

Il controllo e la possessività sono comportamenti caratteristici di un partner tossico e rappresentano aspetti critici all'interno di relazioni malsane. Questi comportamenti non solo limitano la libertà e l'autonomia della vittima ma rinforzano anche la dipendenza affettiva, creando un ambiente in cui la persona si sente costantemente sorvegliata e limitata nelle proprie scelte personali.

Un partner controllante può manifestare il proprio comportamento in diversi modi. Uno dei più evidenti è il controllo delle comunicazioni. Questo può includere il monitoraggio delle chiamate telefoniche, dei messaggi di testo, delle email e dell'uso dei social media. Spesso, il partner tossico richiede di conoscere le password e di avere accesso non filtrato a tutti i dispositivi elettronici della vittima, giustificando questo comportamento come un segno di trasparenza o prova di fiducia reciproca, quando in realtà è un tentativo di sorvegliare ogni interazione sociale della vittima.

La possessività si manifesta anche attraverso restrizioni sulla vita sociale della persona. Il partner tossico potrebbe esprimere disappunto o gelosia quando la vittima trascorre tempo con amici, familiari o colleghi. Questo è spesso accompagnato da critiche verso le persone care della vittima, descrivendole come cattive influenze o accusandole di interferire nella relazione. Tali azioni mirano a isolare la vittima e a rendere la sua cerchia sociale sempre più ristretta, aumentando la sua dipendenza dall'abusatore.

Inoltre, il controllo può estendersi agli aspetti finanziari. Il partner tossico può gestire o sorvegliare strettamente le finanze della vittima, limitando l'accesso ai fondi o decidendo come dovrebbero essere spesi i suoi soldi. Questo tipo di controllo finanziario mira a ridurre la capacità della vittima di agire in modo indipendente e può aumentare significativamente la sua dipendenza dall'abusatore per le necessità quotidiane.

La possessività può diventare estremamente coercitiva, con il partner che richiede costantemente rassicurazioni di fedeltà e amore. Questo può portare la vittima a modificare il proprio comportamento per placare l'abusatore, evitando situazioni che potrebbero innescare la gelosia del partner, anche a costo di rinunciare a importanti opportunità personali o professionali.

Questi comportamenti di controllo e possessività non solo minano l'indipendenza della vittima ma erodono anche la sua autostima e la sua capacità di prendere decisioni autonome. La costante pressione e sorveglianza possono indurre uno stato di costante ansia e stress, compromettendo la salute mentale e fisica della vittima.

Riconoscere questi segni è fondamentale per intervenire in una relazione tossica. È essenziale che le vittime ricevano supporto per identificare e contrastare questi comportamenti, attraverso reti di supporto esterne o assistenza professionale.

# Capitolo 3: Le radici del problema: da dove nasce la dipendenza affettiva?

L'influenza degli stili di attaccamento sullo sviluppo della dipendenza affettiva è un campo di studio fondamentale nella psicologia delle relazioni. Gli stili di attaccamento, formatisi durante la prima infanzia a seguito delle interazioni con le figure genitoriali, giocano un ruolo cruciale nel determinare come gli individui si relazionano agli altri nella vita adulta. Questi stili sono comunemente classificati in sicuro, evitante e ansioso-ambivalente, ognuno dei quali porta con sé specifiche predisposizioni comportamentali nelle relazioni affettive.

Lo **stile di attaccamento sicuro** si sviluppa in individui che hanno sperimentato un'educazione coerente, responsiva e affettuosa. Queste persone tendono ad avere una visione positiva di sé e degli altri, sentendosi meritevoli di amore e capaci di instaurare legami intimi e reciprocamente soddisfacenti. Anche se meno inclini alla dipendenza affettiva, la loro capacità di instaurare legami profondi può occasionalmente sfociare in dipendenza, specialmente se incontrano partner con stili di attaccamento problematici.

Lo **stile di attaccamento evitante** si forma tipicamente in risposta a genitori distaccati o consistentemente non responsivi alle esigenze emotive del bambino. Gli adulti con attaccamento evitante spesso vedono l'intimità e la vicinanza come una minaccia alla loro indipendenza e si caratterizzano per un approccio distante e auto-sufficiente nelle relazioni. Anche se possono sembrare meno propensi alla dipendenza affettiva, la loro difficoltà nel connettersi emotivamente e nel riconoscere i propri bisogni di vicinanza può paradossalmente portarli a dipendere in modo subdolo da un partner che insista per una maggiore intimità.

Gli individui con uno **stile di attaccamento ansioso-ambivalente** sono i più suscettibili alla dipendenza affettiva. Questo stile emerge in risposta a genitori inconsistenti nella loro disponibilità e reattività, facendo sì che il bambino rimanga in uno stato di ansia costante, poiché non può prevedere quando e come riceverà attenzione e cura. Da adulti, queste persone tendono a manifestare un'alta ansia relazionale, cercando costantemente conferme e rassicurazioni dai loro partner. La loro paura del rifiuto e dell'abbandono può portarli a comportamenti di controllo, gelosia e una dipendenza emotiva estrema, dove ogni piccola turbolenza nella relazione viene vissuta con intensa preoccupazione.

La comprensione di come questi stili di attaccamento influenzino la dipendenza affettiva è fondamentale per indirizzare le dinamiche relazionali malsane. Gli individui con attaccamento ansioso-ambivalente, ad esempio, possono beneficiare di terapie focalizzate sull'elaborazione delle loro paure di abbandono e sulla costruzione di una maggiore sicurezza emotiva. La terapia può aiutare a sviluppare un attaccamento più sicuro, promuovendo relazioni più sane e diminuendo la propensione alla dipendenza affettiva.

Le esperienze traumatiche durante l'infanzia, come gli abusi o la negligenza, lasciano un'impronta indelebile sullo sviluppo emotivo e psicologico di un individuo. Questi eventi dolorosi possono spesso portare allo sviluppo di una personalità dipendente, in particolare nei contesti relazionali. Comprendere come questi traumi influenzino la personalità aiuta a spiegare perché alcune persone sviluppino forti dipendenze affettive in età adulta.

L'abuso infantile, sia esso fisico, emotivo o sessuale, così come la negligenza, trasmette al bambino messaggi devastanti sulla propria valenza e sicurezza nel mondo. I bambini che subiscono abusi spesso interiorizzano la convinzione di essere inadeguati, indesiderati o fondamentalmente sbagliati. Queste convinzioni possono radicarsi profondamente, influenzando le loro immagini di sé e le aspettative nei confronti degli altri. Crescendo, questi bambini possono diventare adulti che vedono le relazioni come l'unico mezzo per ottenere conferma della propria valenza e amore, portando a forme di dipendenza affettiva.

La negligenza, d'altra parte, priva il bambino delle risposte emotive e della sicurezza di base necessarie per uno sviluppo sano. Senza una figura di attaccamento affidabile che risponda ai loro bisogni, i bambini possono crescere sentendosi emotivamente abbandonati. In risposta, possono sviluppare un attaccamento ansioso, diventando eccessivamente dipendenti e richiedenti nei confronti dei partner in età adulta, nella speranza di colmare quel vuoto affettivo mai soddisfatto durante l'infanzia.

L'abuso e la negligenza influenzano anche le capacità di regolazione emotiva del bambino. Spesso, questi bambini non apprendono come gestire le emozioni in modo adeguato, portando a difficoltà significative nel regolare affetti e stati d'ansia nell'adulto. Questa incapacità di autoregolarsi può rendere la persona eccessivamente dipendente dai partner per la stabilizzazione emotiva, una caratteristica centrale della dipendenza affettiva. In queste dinamiche, il partner viene percepito come un salvatore o un regolatore essenziale delle proprie emozioni, rendendo difficile per la persona dipendente concepire l'idea di una vita autonoma.

Un altro aspetto cruciale è il modello di relazioni che il bambino apprende e normalizza. Se un bambino cresce in un ambiente in cui l'abuso e la manipolazione sono comuni, può sviluppare una comprensione distorta delle dinamiche relazionali. Questo può portare alla normalizzazione di comportamenti tossici e abusivi, credendo che tali dinamiche siano standard in tutte le relazioni. Questo schema di apprendimento disfunzionale può predisporre l'individuo a cercare o mantenere relazioni in cui la dipendenza affettiva e l'abuso continuano a manifestarsi.

Affrontare gli impatti di questi traumi infantili richiede spesso un intervento psicoterapeutico approfondito, mirato a rielaborare le esperienze traumatiche e a costruire nuove capacità di coping e una nuova autoimmagine. La terapia può aiutare gli individui a sviluppare un senso di autonomia e autostima, elementi cruciali per liberarsi dalle catene della dipendenza affettiva.

I fattori culturali e sociali svolgono un ruolo significativo nella formazione delle percezioni individuali dell'amore e delle relazioni, spesso incanalando norme e aspettative che possono favorire dinamiche relazionali disfunzionali. Questi modelli culturali e sociali, diffusi attraverso la famiglia, i media, l'educazione e le istituzioni religiose, delineano spesso un quadro idealizzato dell'amore che non riflette la complessità o le sfide delle relazioni reali.

Uno degli aspetti più influenti è il concetto del romanticismo, come viene spesso rappresentato nei film, nella letteratura e nelle canzoni. Questa idealizzazione dell'amore enfatizza l'intensità emotiva, la passione e il concetto di "anima gemella", dove due persone sono destinate a stare insieme contro ogni avversità. Tali rappresentazioni possono portare gli individui a credere che i sacrifici personali, il dolore e l'intenso bisogno emotivo siano segni normali e persino desiderabili di una vera relazione d'amore. Questa visione può predisporre le persone a sviluppare o tollerare relazioni altamente dipendenti e disfunzionali, confondendo l'amore con la necessità e la co-dipendenza.

In molte culture, inoltre, persistono modelli di genere che influenzano profondamente come uomini e donne percepiscono il loro ruolo nelle relazioni. Ad esempio, le aspettative tradizionali possono ancora promuovere l'idea che le donne debbano essere passive, accudenti e dipendenti dagli uomini per la sicurezza economica e emotiva. Allo stesso modo, gli uomini possono essere incoraggiati a adottare un ruolo dominante e protettivo. Questi ruoli possono non solo limitare l'espressione individuale e lo sviluppo personale, ma anche creare un terreno fertile per relazioni in cui uno o entrambi i partner si sentono obbligati a conformarsi a norme disfunzionali, perpetuando così modelli di dipendenza e controllo.

I social media hanno aggiunto un ulteriore strato di complessità, promuovendo spesso una visione idealizzata e altamente curata delle relazioni personali. Questa "vetrina" costante può creare pressioni per mantenere un'apparenza di perfezione e felicità, distogliendo l'attenzione dai problemi reali e impedendo una comunicazione onesta e aperta tra i partner. La pressione per conformarsi a questi ideali può intensificare sentimenti di inadeguatezza e dipendenza affettiva, poiché gli individui lottano per mantenere l'immagine di una relazione "perfetta".

Inoltre, il contesto educativo e religioso può anche influenzare le percezioni dell'amore e delle relazioni. Ad esempio, un'educazione che non promuove un'autonoma riflessione critica o che valorizza l'auto-sacrificio incondizionato può limitare la capacità degli individui di stabilire confini sani e di sviluppare relazioni equilibrate.

Comprendere come questi fattori culturali e sociali modellino le relazioni è cruciale per indirizzare le radici della dipendenza affettiva. Promuovere una cultura che valorizzi l'autonomia, il rispetto reciproco e la comunicazione aperta può aiutare a prevenire le dinamiche disfunzionali e supportare lo sviluppo di relazioni più sane.

Alcuni tratti di personalità giocano un ruolo cruciale nel predisporre gli individui alla dipendenza affettiva. Tra questi, la bassa autostima, la tendenza alla perfezione e la paura del giudizio sono particolarmente significativi, poiché influenzano profondamente il modo in cui una persona si relaziona agli altri e percepisce sé stessa all'interno delle dinamiche relazionali.

La **bassa autostima** è forse uno dei tratti più direttamente collegati alla dipendenza affettiva. Individui con scarsa autostima spesso si vedono in modo negativo, dubitando delle proprie capacità e del proprio valore. Questa percezione di sé può portare a una dipendenza eccessiva dal partner per conferme e rassicurazioni. La costante necessità di approvazione esterna rende queste persone vulnerabili all'accettazione di comportamenti tossici o manipolativi, credendo che meritino poco e che non possano aspirare a relazioni più sane e reciprocamente rispettose.

La **tendenza alla perfezione** è un altro tratto che può contribuire significativamente alla dipendenza affettiva. I perfezionisti tendono a imporsi standard irraggiungibili e spesso valutano sé stessi attraverso il prisma del successo o del fallimento, senza sfumature intermedie. Questo può tradursi in relazioni dove l'individuo si sforza costantemente di soddisfare o superare le aspettative del partner, ignorando i propri bisogni e limiti. La paura di deludere può diventare così opprimente che il pensiero di perdere la relazione, anche se disfunzionale, sembra intollerabile.

La **paura del giudizio**, infine, influenza profondamente le interazioni sociali e affettive. Le persone timorate di essere giudicate negativamente possono evitare di esprimere opinioni o sentimenti che credono possano portare al rifiuto o alla critica. In una relazione, questo può manifestarsi come una riluttanza a confrontarsi con il partner o come l'accettazione passiva di comportamenti che non si approvano. Questa incapacità di affermare i propri pensieri e desideri può portare a una dinamica relazionale in cui il partner ha il controllo predominante, alimentando ulteriormente la dipendenza affettiva.

Questi tratti di personalità non sono intrinsecamente negativi; tuttavia, quando interagiscono con specifiche dinamiche relazionali o ambienti, possono rendere un individuo particolarmente suscettibile a relazioni basate sulla dipendenza affettiva. Affrontare questi tratti attraverso la terapia personale, l'auto-riflessione e il supporto esterno può aiutare le persone a riconoscere e modificare i modelli disfunzionali di comportamento, promuovendo uno sviluppo relazionale più sano e autonomo.

Le condizioni psicologiche correlate possono giocare un ruolo significativo nel modellare e perpetuare la dipendenza affettiva. Tra queste, la depressione e l'ansia sono particolarmente rilevanti, poiché spesso si intersecano e si intensificano a vicenda all'interno del contesto delle relazioni interpersonali.

La **depressione** è una condizione che colpisce milioni di persone in tutto il mondo e può avere un impatto devastante sulle relazioni personali. Gli individui depressi possono sperimentare sentimenti persistenti di tristezza, vuoto e disperazione, che possono rendere difficile mantenere relazioni sane e funzionali. Nelle persone con dipendenza affettiva, la depressione può intensificare la paura dell'abbandono e la percezione di non essere degni di amore o attenzione. Questo può portare a un maggiore attaccamento e dipendenza dal partner, nel tentativo di trovare una qualche forma di sollievo o stabilizzazione emotiva. Inoltre, la depressione può causare ritiro sociale, riduzione dell'energia e perdita di interesse per attività un tempo piacevoli, rendendo l'individuo ancor più dipendente dalle dinamiche relazionali come principale fonte di gratificazione o significato.

**L'ansia**, d'altra parte, può manifestarsi attraverso un'incessante preoccupazione per il futuro della relazione, dubbi costanti sulla fedeltà o l'amore del partner, e una vigilanza estrema per segni di potenziali problemi. Le persone con alti livelli di ansia possono mostrare una dipendenza affettiva in forma di richieste continue di rassicurazione e conferme del valore personale e dell'impegno del partner. Questa ipervigilanza emotiva può essere estenuante per entrambi i partner e può portare a dinamiche di relazione in cui il partner si sente soffocato o oppresso, mentre la persona ansiosa si sente perpetuamente insoddisfatta e insicura.

La coesistenza di depressione e ansia in individui con dipendenza affettiva crea un ciclo in cui la dipendenza affettiva può aggravare i sintomi di queste condizioni psicologiche, e viceversa. Ad esempio, la dipendenza emotiva può portare a comportamenti che spingono il partner a distanziarsi, il che a sua volta può aumentare l'ansia e la depressione della persona dipendente. Questo ciclo può diventare un pattern autoperpetuante, difficile da rompere senza intervento esterno.

Affrontare efficacemente la dipendenza affettiva in presenza di depressione o ansia richiede un approccio olistico che tenga conto di tutti gli aspetti della salute mentale dell'individuo. La terapia può essere particolarmente utile, offrendo strategie per gestire l'ansia e la depressione, migliorare l'autostima, e sviluppare capacità di relazione più sane. La terapia di coppia può anche essere utile per affrontare le dinamiche disfunzionali della relazione e per lavorare verso un modello di interazione più equilibrato e supportivo.

Il legame tra la dipendenza affettiva e altre forme di dipendenza, come l'alcolismo o il gioco d'azzardo, offre una prospettiva illuminante sulla natura complessa e multidimensionale delle dipendenze comportamentali e sostanziali. Queste forme di dipendenza condividono molte caratteristiche fondamentali, tra cui la ricerca compulsiva di una sostanza o di un comportamento nonostante le conseguenze negative, l'incapacità di controllare o limitare tale comportamento, e la presenza di sintomi di astinenza quando l'oggetto della dipendenza viene tolto.

La **dipendenza affettiva** si manifesta come un bisogno eccessivo di attenzione e approvazione da parte di un'altra persona, spesso il partner romantico. Questo bisogno può diventare così prevalente da influenzare tutte le decisioni e azioni dell'individuo, portando a una negligenza di altri aspetti della vita, simile a come un alcolista potrebbe trascurare responsabilità per bere. Allo stesso modo, le persone con dipendenza affettiva possono sperimentare ansia intensa, depressione o altri disturbi emotivi quando la relazione è minacciata, simili ai sintomi di astinenza fisica che possono verificarsi con le dipendenze da sostanze.

La **dipendenza da sostanze**, come l'alcolismo, condivide con la dipendenza affettiva il ciclo di gratificazione e astinenza. Gli individui con dipendenze da sostanze spesso usano l'alcol o altre droghe per modulare o sopprimere sentimenti dolorosi, proprio come le persone con dipendenza affettiva possono usare le relazioni per evitare il confronto con problemi interni o per placare sentimenti di inadeguatezza o solitudine.

Il **gioco d'azzardo patologico** è un altro esempio di dipendenza comportamentale che rispecchia molte dinamiche della dipendenza affettiva. I giocatori patologici spesso perseguono il brivido del gioco nonostante perdite finanziarie devastanti e deterioramento delle relazioni personali. Questo bisogno compulsivo di "scommettere" può essere visto come analogo al bisogno di "scommettere" su relazioni disfunzionali o distruttive, dove la persona dipendente affettiva continua a investire emotivamente nonostante le evidenti prove di danno.

Spesso, le persone che soffrono di dipendenza affettiva possono avere storie di dipendenze multiple, dove la dipendenza affettiva esiste in concomitanza con abuso di sostanze o dipendenze comportamentali. Questo può essere dovuto a tendenze personali verso comportamenti compulsivi o al tentativo di compensare una dipendenza con un'altra, una pratica nota come "sostituzione di dipendenza". Ad esempio, una persona potrebbe cercare di superare una dipendenza da alcol rifugiandosi in una relazione intensamente dipendente, o viceversa.

Affrontare questi intrecci di dipendenze richiede un approccio olistico che non solo miri a trattare la manifestazione specifica della dipendenza ma anche a comprendere e risolvere le cause sottostanti e i meccanismi comuni. La terapia integrata che affronta sia le dipendenze sostanziali/comportamentali sia le dipendenze affettive può offrire le migliori prospettive di recupero, permettendo all'individuo di sviluppare strategie di coping più sane e relazioni più equilibrate e sostenibili.

# Capitolo 4: Rompere il cerchio vizioso: i primi passi verso la guarigione

Riconoscere la propria dipendenza affettiva è il primo passo cruciale per intraprendere il percorso verso la guarigione. Questa consapevolezza di sé può essere difficile, dato che i modelli di pensiero e comportamento disfunzionali spesso si radicano profondamente. Tuttavia, con esercizi pratici e riflessivi, è possibile iniziare a identificare e modificare questi schemi. Ecco alcuni esercizi progettati per aiutare a scoprire e affrontare la propria dipendenza affettiva:

**Diario delle Relazioni**: Mantenere un diario dove si annotano le interazioni quotidiane con il partner può aiutare a rivelare modelli di dipendenza. Gli individui sono incoraggiati a scrivere come si sentono prima, durante e dopo le interazioni con il partner, prestando particolare attenzione ai momenti in cui si sentono ansiosi, insicuri o eccessivamente dipendenti dall'approvazione del partner. Questa pratica può aiutare a visualizzare la frequenza e l'intensità delle dipendenze emotive.

**Analisi delle Emozioni**: Un altro esercizio utile è l'analisi delle emozioni. Questo implica prendere nota di ogni volta che si sperimentano emozioni negative come tristezza, rabbia o paura in relazione al comportamento del partner. Accanto a ogni emozione, si dovrebbe cercare di identificare il pensiero che ha scatenato quella specifica emozione, chiedendosi se il pensiero è razionale o se è influenzato da aspettative non realistiche o da una percezione distorta delle dinamiche relazionali.

**Elenco di Dipendenze**: Creare un elenco delle dipendenze può anche essere illuminante. Questo esercizio coinvolge l'elencare situazioni in cui ci si sente particolarmente vulnerabile o dipendente dal partner, come ad esempio non voler andare a eventi sociali da soli, o sentirsi inquieti quando il partner è irraggiungibile. Identificare questi momenti può aiutare a riconoscere e affrontare la dipendenza comportamentale.

**Riflessione sugli Obiettivi Personali**: Spesso, gli individui con dipendenza affettiva mettono da parte i propri obiettivi per la relazione. Un utile esercizio di riflessione consiste nello scrivere gli obiettivi personali a breve e lungo termine e valutare onestamente quanti di questi sono stati trascurati a favore della relazione. Questo può motivare gli individui a riequilibrare le proprie priorità e a riaffermare il proprio valore indipendentemente dalla relazione.

**Scenario di "Cosa succederebbe se"**: Questo esercizio aiuta a confrontare le paure irrazionali con la realtà. Bisogna scrivere varie situazioni temute (ad esempio, "Cosa succederebbe se il mio partner mi lasciasse?") e poi a descrivere realisticamente cosa succederebbe realmente, quali risorse avrebbero per il supporto, e come potrebbero affrontare la situazione. Questo può aiutare a ridurre l'ansia e a rafforzare la resilienza emotiva.

Questi esercizi non solo aiutano a identificare i modelli di dipendenza affettiva ma incoraggiano anche un processo di auto-scoperta e crescita personale. Il riconoscimento è il primo passo verso il cambiamento, e con strumenti adeguati e il sostegno necessario, si possono iniziare a costruire relazioni più sane e soddisfacenti.

Sfidare i pensieri negativi è un passaggio fondamentale nel processo di guarigione dalla dipendenza affettiva. La ristrutturazione cognitiva, una componente chiave della terapia cognitivo-comportamentale, offre tecniche efficaci per identificare, sfidare e modificare pensieri distorti o irrealistici che possono perpetuare comportamenti disfunzionali. Qui di seguito sono descritte alcune tecniche di ristrutturazione cognitiva che possono aiutare a contrastare i pensieri negativi e costruire una mentalità più sana e realistica.

**Identificazione dei Pensieri Automatici**: Il primo passo nella ristrutturazione cognitiva è riconoscere i pensieri automatici che emergono in risposta a specifiche situazioni. Questi pensieri sono spesso irrazionali e basati su presupposti non verificati. Gli individui sono incoraggiati a tenere un diario in cui annotano le situazioni che provocano distress, i pensieri automatici che emergono, le emozioni associate e le reazioni comportamentali. L'obiettivo è prendere coscienza di come certi modelli di pensiero influenzino le emozioni e le azioni.

**Esame delle Prove**: Questa tecnica implica esaminare l'accuratezza dei pensieri automatici. Gli individui sono invitati a considerare le prove a favore e contro il pensiero negativo. Ad esempio, se una persona pensa "Il mio partner è distante, deve essere stanco di me", dovrebbe esaminare prove concrete che supportano o contraddicono questa affermazione. Questo processo aiuta a sviluppare una visione più equilibrata e meno guidata dalle emozioni.

**Sperimentazione Comportamentale**: Per sfidare ulteriormente la validità dei pensieri negativi, gli individui possono essere incoraggiati a testare la realtà dei loro pensieri attraverso esperimenti comportamentali. Ad esempio, se temono che chiedere supporto li renda vulnerabili o fastidiosi, potrebbero decidere di esprimere un piccolo bisogno e osservare la reazione del partner. Questo può aiutare a modificare le aspettative negative e aumentare la fiducia nelle proprie capacità relazionali.

**Decatastrofizzazione**: Spesso, i pensieri negativi sono catastrofici, prevedendo il peggior esito possibile. La decatastrofizzazione insegna a considerare cosa accadrebbe effettivamente se il timore si avverasse e come potrebbero gestirlo. Questo riduce l'ansia e fornisce un senso di controllo, permettendo alla persona di affrontare le paure anziché evitarle.

**Ristrutturazione del Pensiero**: Dopo aver identificato e valutato i pensieri distorti, il passo successivo è sostituirli con altri più equilibrati e realistici. Ad esempio, cambiare il pensiero "Devo fare tutto perfettamente per essere amato" in "Ognuno fa errori e posso essere amato per chi sono, nonostante le imperfezioni."

Utilizzando queste tecniche, le persone possono iniziare a vedere come i loro pensieri influenzino la loro percezione delle relazioni e di sé stessi, imparando a interrompere i cicli di pensiero che alimentano la dipendenza affettiva. Man mano che i pensieri diventano più basati sulla realtà e meno guidati da paure infondate, la capacità di stabilire relazioni più sane e meno dipendenti migliora notevolmente.

Il mantenimento di un diario delle emozioni rappresenta uno strumento terapeutico potente per chiunque stia cercando di comprendere meglio e gestire la dipendenza affettiva. Attraverso la registrazione quotidiana delle proprie esperienze emotive, individui possono iniziare a identificare modelli, trigger e risposte comportamentali che caratterizzano e perpetuano la loro dipendenza nelle relazioni.

**Funzioni e benefici del diario delle emozioni**

**Consapevolezza Emotiva**: Scrivere regolarmente su un diario aiuta a costruire e rafforzare la consapevolezza delle proprie emozioni. Spesso, le persone possono sentirsi sopraffatte dalle loro emozioni senza capire esattamente cosa provano o perché. Il processo di scrittura obbliga l'individuo a rallentare e riflettere sull'origine e sulla natura delle proprie emozioni, facilitando una comprensione più profonda di sé stessi.

**Identificazione dei Trigger**: Tenere un diario delle emozioni permette agli individui di registrare le circostanze che circondano i momenti di forte emozionalità. Questo può includere specifiche situazioni, interazioni, pensieri o eventi esterni che scatenano reazioni emotive intense. Riconoscere questi trigger è il primo passo per sviluppare strategie per gestirli o evitarli.

**Riconoscimento dei Modelli**: Con il tempo, la revisione delle voci del diario può rivelare schemi ricorrenti nel comportamento e nelle reazioni emotive. Questo può includere tendenze a reagire in modo eccessivo a certi tipi di commenti o situazioni, o la tendenza a cercare rassicurazione in modi che alimentano la dipendenza affettiva. Identificare questi modelli è cruciale per rompere il ciclo di comportamenti disfunzionali.

**Processo di Riflessione e Apprendimento**: Il diario offre un luogo sicuro per esprimere pensieri e sentimenti senza giudizio. Questo può essere particolarmente terapeutico per chi si sente isolato o incompreso. Inoltre, rileggere le vecchie voci può mostrare quanto si è progrediti nel tempo, offrendo incoraggiamento e riconoscendo gli sforzi fatti verso il cambiamento.

**Sviluppo di Risposte più Salutari**: Man mano che gli individui diventano più consapevoli delle loro reazioni emotive e dei trigger correlati, possono iniziare a pensare proattivamente a come rispondere in modo più sano in futuro. Ad esempio, se una persona riconosce che si sente particolarmente ansiosa e dipendente quando si sente ignorata, può pianificare di discutere apertamente delle sue preoccupazioni con il partner invece di reprimere quelle emozioni o agire in modo impulsivo.

Scegli un formato di diario che ti senti a tuo agio a usare regolarmente, sia esso cartaceo o digitale. Dedica un momento ogni giorno per scrivere, riflettendo non solo su ciò che è accaduto ma anche su come ti sei sentito durante queste esperienze. Cerca di essere il più onesto e dettagliato possibile, senza giudicare le tue emozioni come buone o cattive. Con il tempo, questo diario diventerà una risorsa vitale per la tua crescita personale e la guarigione dalla dipendenza affettiva.

Imparare a stabilire limiti sani è essenziale per mantenere e costruire relazioni equilibrate e rispettose. Per chi soffre di dipendenza affettiva, stabilire limiti può risultare particolarmente sfidante poiché spesso la paura di perdere l'affetto o l'approvazione altrui può portare a trascurare le proprie esigenze e i propri desideri. Tuttavia, il processo di apprendimento per dire "no" e per affermare i propri limiti è cruciale per il recupero e il benessere personale. Ecco alcuni passaggi pratici per iniziare a stabilire limiti efficaci nelle relazioni:

**Riconoscere i Propri Bisogni**: Il primo passo per stabilire limiti sani è comprendere cosa sia realmente importante per te stesso. Questo può includere il tempo per sé, il rispetto per la propria privacy, o la necessità di equità nelle responsabilità condivise. Spendere tempo a riflettere sui propri bisogni e desideri può aiutare a chiarire quali limiti sono necessari per la propria salute mentale e benessere emotivo.

**Comunicare Chiaramente i Propri Limiti**: Una volta identificati i propri bisogni, è essenziale comunicarli chiaramente al partner o agli altri significativi. È importante esprimere i propri limiti in modo diretto e assertivo, evitando toni accusatori o passivi. Ad esempio, si potrebbe dire: "Mi sento sopraffatto quando non prendiamo decisioni insieme. Ho bisogno che discutiamo di queste cose prima di agire."

**Praticare la Fermo Rifiuto**: Dire di no può essere difficile, specialmente per chi teme il conflitto o il rifiuto. Tuttavia, dire di no è una parte fondamentale del mantenimento dei propri limiti. Puoi iniziare praticando risposte a situazioni meno stressanti o con persone meno intimamente legate, per costruire la tua fiducia. Ricorda che dire no non ti rende egoista; è un diritto fondamentale per prendersi cura di sé.

**Mantenere la Coerenza**: Una volta stabiliti i limiti, è importante rimanere coerente nel mantenerli. Questo può richiedere di ricordare frequentemente a te stesso e agli altri le tue linee guida, specialmente se stai lavorando per cambiare vecchi schemi di comportamento. La coerenza dimostra agli altri che sei serio riguardo al rispetto dei tuoi limiti e aiuta a rafforzare la tua autostima e il rispetto di sé.

**Gestire le Reazioni Altrui**: Quando inizi a stabilire limiti, è probabile che incontrerai resistenza, specialmente da coloro che erano abituati ai tuoi vecchi modi di fare. È importante prepararsi a gestire le reazioni negative senza arretrare. Ascolta le preoccupazioni degli altri, ma resta fermo nella tua decisione. Offrire spiegazioni può essere utile, ma ricorda che non sei obbligato a giustificare i tuoi limiti.

**Valutare e Adeguare i Limiti**: I limiti possono cambiare a seconda delle circostanze della vita e delle relazioni. È sano rivedere periodicamente i propri limiti e adeguarli se necessario. Questo può essere fatto riflettendo sull'efficacia dei limiti attuali e considerando se sono ancora appropriati per le tue esigenze correnti.

Stabilire limiti sani non solo migliora le relazioni, ma rafforza anche l'autostima e promuove un senso di autonomia.

Cercare supporto è un passo vitale per chiunque stia affrontando la dipendenza affettiva. Spesso, chi soffre di questa condizione può sentirsi isolato o vergognoso, il che rende difficile cercare aiuto. Tuttavia, il supporto di amici, familiari e professionisti può fornire la forza, le risorse e le prospettive necessarie per intraprendere il percorso di guarigione.

Il primo livello di supporto può venire da amici e familiari. Queste sono le persone che ti conoscono meglio e che spesso possono offrire conforto e comprensione senza giudizio. Parlare apertamente con loro delle tue lotte può non solo alleviare il senso di isolamento ma anche rafforzare i legami esistenti. È importante scegliere persone di cui ti fidi e che sono note per essere comprensive e supportanti. Puoi iniziare con piccoli passi, condividendo le tue preoccupazioni in momenti di tranquillità e costruendo gradualmente la tua apertura basata sulle loro reazioni.

Sebbene gli amici e la famiglia possano offrire un sostegno significativo, possono non essere sempre equipaggiati per fornire l'aiuto specifico di cui hai bisogno. I professionisti, come psicoterapeuti o consiglieri specializzati in dipendenza affettiva o problemi relazionali, possono offrire approcci basati su prove e tecniche terapeutiche che aiutano a superare la dipendenza affettiva. Questi esperti possono aiutarti a comprendere le radici della tua dipendenza, lavorare attraverso i problemi sottostanti e sviluppare strategie per costruire relazioni più sane.

Partecipare a gruppi di supporto è un altro modo efficace per cercare aiuto. Essere parte di un gruppo di persone che affrontano problemi simili può fornire una sensazione di appartenenza e comprensione che è difficile ottenere altrove. I gruppi di supporto offrono un ambiente sicuro dove condividere esperienze, successi e fallimenti, e imparare gli uni dagli altri. Questi gruppi possono essere specifici per la dipendenza affettiva o più generalmente focalizzati su problemi relazionali o di salute mentale.

In un'era digitale, il supporto online è diventato un'opzione sempre più accessibile e preziosa. Forum online, webinar e piattaforme di social media possono offrire risorse e comunità dove le persone possono connettersi con altri che vivono situazioni simili da tutto il mondo. Tuttavia, è cruciale avvicinarsi al supporto online con discernimento, scegliendo fonti affidabili e evitando ambienti tossici o fuorvianti.

Creare un piano di supporto personalizzato può aiutarti a gestire i momenti difficili. Questo piano può includere nomi e contatti di persone di fiducia da chiamare quando ti senti sopraffatto, appuntamenti regolari con un terapeuta e incontri settimanali con un gruppo di supporto. Avere una strategia chiara può farti sentire più sicuro e preparato ad affrontare le sfide.

Cercare supporto non è un segno di debolezza, ma un atto di coraggio e un passo importante verso la guarigione.

Pianificare un percorso di cambiamento è un elemento essenziale per superare la dipendenza affettiva. Questo processo richiede di stabilire obiettivi chiari e realistici e sviluppare un piano d'azione strutturato per raggiungerli. Un piano ben definito non solo fornisce una direzione ma anche un senso di controllo e scopo, elementi cruciali per il recupero da qualsiasi forma di dipendenza. Ecco come procedere per definire gli obiettivi e creare un piano d'azione concreto:

**Definizione degli Obiettivi**: Il primo passo nel pianificare il cambiamento è stabilire obiettivi chiari e misurabili. Gli obiettivi dovrebbero essere specifici, realizzabili, rilevanti e limitati nel tempo (SMART). Ad esempio, un obiettivo potrebbe essere: "Desidero sviluppare la capacità di trascorrere il tempo da solo senza ansia entro i prossimi tre mesi." È importante che questi obiettivi riflettano i valori personali e ciò che si spera di ottenere attraverso il processo di guarigione.

**Identificazione delle Risorse Necessarie**: Una volta stabiliti gli obiettivi, il passo successivo è identificare le risorse che possono supportare il percorso. Questo può includere il supporto di un terapeuta, la partecipazione a gruppi di supporto, la lettura di libri sullo sviluppo personale, o l'utilizzo di app per la gestione dello stress. Valuta quali risorse sono più accessibili e utili per il tuo contesto e situazione.

**Sviluppo di Azioni Specifiche**: Ogni obiettivo richiede azioni specifiche. Queste azioni devono essere concrete e fattibili. Ad esempio, se l'obiettivo è ridurre la dipendenza affettiva, un'azione potrebbe essere: "Parlerò con il mio partner delle mie necessità emotive una volta alla settimana" o "Dedicherò trenta minuti al giorno al mio sviluppo personale, leggendo o meditando."

**Programmazione Temporale**: È essenziale stabilire una timeline per ciascun obiettivo e azione. Questo aiuta a mantenere la responsabilità e a misurare i progressi. Definisci quando inizierai e quando prevedi di raggiungere ciascun obiettivo. Assicurati di dare a te stesso abbastanza tempo per raggiungere ciascun obiettivo senza metterti sotto pressione eccessiva.

**Monitoraggio e Valutazione**: Pianifica regolarmente dei momenti per valutare i tuoi progressi verso gli obiettivi.

Questo può essere fatto settimanalmente o mensilmente, a seconda degli obiettivi stessi. Durante questi momenti di valutazione, chiediti cosa sta funzionando, cosa no, e cosa potrebbe essere cambiato o migliorato nel piano d'azione.

**Adattabilità**: Essere flessibili e disposti ad adattare il piano d'azione è fondamentale. I percorsi di guarigione non sono lineari e possono richiedere aggiustamenti in base alle esperienze e alle scoperte fatte lungo il cammino. Se una strategia o un obiettivo non sembra più adatto o realizzabile, non esitare a modificarlo.

Creare e seguire un piano d'azione ben strutturato può offrire una struttura e un senso di progresso, elementi cruciali per chiunque stia cercando di superare la dipendenza affettiva.

# Capitolo 5: Superare la sofferenza: strategie pratiche per gestire le emozioni"

La mindfulness e la meditazione sono pratiche profondamente efficaci per calmare la mente e gestire lo stress, risultando particolarmente utili per chi affronta la dipendenza affettiva. Queste tecniche aiutano a sviluppare una maggiore consapevolezza del presente, riducendo i pensieri ossessivi riguardo al passato o alle preoccupazioni per il futuro, che spesso accompagnano e aggravano la dipendenza affettiva.

La mindfulness, o consapevolezza, è una pratica di focalizzazione dell'attenzione sul momento presente con un atteggiamento di apertura, curiosità e accettazione. Nella gestione della dipendenza affettiva, la mindfulness aiuta le persone a osservare i propri pensieri e sentimenti senza giudicarli o lasciarsi sopraffare da essi. Questo può essere particolarmente utile quando si affrontano emozioni intense o stress derivanti dalle dinamiche relazionali.

Praticare la mindfulness quotidianamente può includere esercizi come:

**Respirazione consapevole**: Sedersi in un luogo tranquillo e concentrarsi esclusivamente sul respiro, notando il movimento dell'aria che entra ed esce dal corpo. Questo aiuta a centrare la mente e ridurre lo stress.

**Scansione corporea**: Prestare attenzione progressiva a varie parti del corpo, riconoscendo tensioni o discomfort senza cercare di cambiare queste sensazioni, facilitando così una maggiore connessione corpo-mente.

**Mindful walking**: Camminare in un ritmo tranquillo, concentrandosi su ogni passo e sulle sensazioni che si provano mentre si cammina, come il contatto del piede con il suolo, aiutando a ricondurre la mente al presente.

La meditazione, spesso praticata insieme alla mindfulness, comporta tecniche specifiche per quietare la mente e raggiungere uno stato di profondo relax e concentrazione. Esistono molti tipi di meditazione, ma due delle forme più comunemente utilizzate includono:

**Meditazione concentrativa**: Questa pratica implica la focalizzazione su un singolo punto di riferimento, come il respiro, un'immagine o un suono (come un mantra), aiutando a eliminare il flusso continuo di pensieri che può alimentare l'ansia e la dipendenza.

**Meditazione di consapevolezza**: Simile alla mindfulness, questa forma di meditazione incoraggia una consapevolezza ampia e non reattiva di tutti gli aspetti dell'esperienza presente, aiutando a percepire i pensieri e le emozioni come eventi temporanei nella mente, piuttosto che come riflessioni accurate o permanenti della realtà.

Praticare regolarmente mindfulness e meditazione può offrire numerosi benefici per chi lotta con la dipendenza affettiva, tra cui:

**Riduzione dello stress**: Entrambe le pratiche sono note per ridurre i livelli di stress, calmando il sistema nervoso e abbassando i livelli di cortisolo, l'ormone dello stress.

**Miglioramento della regolazione emotiva**: Aiutano gli individui a sviluppare una maggiore capacità di gestire le emozioni in modo più equilibrato e meno reattivo.

**Aumento dell'autocoscienza**: La pratica regolare migliora la consapevolezza di sé, permettendo alle persone di riconoscere i modelli di pensiero disfunzionali o le aspettative irrealistiche che possono alimentare la dipendenza affettiva.

Integrando la mindfulness e la meditazione nella routine quotidiana, le persone possono trovare una maggiore serenità interiore e una migliore capacità di gestire le relazioni in modo sano e meno dipendente. Questi strumenti non solo offrono sollievo immediato dallo stress e dall'ansia, ma forniscono anche una base per una crescita personale a lungo termine.

Le tecniche di respirazione profonda sono strumenti efficaci per la gestione dello stress, l'ansia e la tensione emotiva, problemi comuni per chi affronta la dipendenza affettiva. Queste tecniche non solo aiutano a calmare la mente e il corpo, ma migliorano anche la concentrazione e promuovono un senso di pace interiore. Di seguito, vengono presentati alcuni esercizi di respirazione profonda che possono essere praticati quotidianamente per ottenere benefici significativi.

**Respirazione Diaframmatica (o Respirazione Addominale)**: Questa tecnica implica la respirazione attraverso il diaframma, il grande muscolo situato alla base dei polmoni. Per eseguire questo esercizio:

- Siediti o sdraiati in una posizione comoda.
- Poni una mano sull'addome e l'altra sul petto.
- Inspira lentamente attraverso il naso, cercando di far gonfiare l'addome piuttosto che il petto.
- Esala lentamente attraverso la bocca, contraendo leggermente i muscoli addominali per spingere fuori l'aria.
- Ripeti per diverse respirazioni, concentrando la tua attenzione sul movimento dell'addome.

**Respirazione a 4-7-8**: Questa tecnica può essere particolarmente utile per ridurre l'ansia o aiutarti a calmarti prima di dormire. Per praticarla:

- Siediti con la schiena dritta.
- Espira completamente attraverso la bocca, facendo un suono di sfiato.
- Chiudi la bocca e inspira silenziosamente dal naso mentre conti mentalmente fino a quattro.
- Trattieni il respiro e conta fino a sette.
- Espira completamente attraverso la bocca, contando fino a otto.
- Questo è un ciclo. Ripeti il ciclo per quattro respirazioni complete.

**Respirazione Alternata delle Narici**: Questo esercizio di respirazione è comunemente usato nello yoga per calmare la mente e bilanciare i due emisferi del cervello. Per eseguirlo:

- Siediti comodamente con la schiena dritta.
- Poni il pollice destro sopra la narice destra e chiudila.
- Inspira profondamente attraverso la narice sinistra.
- Chiudi la narice sinistra con il dito anulare, quindi apri la narice destra e espira attraverso di essa.
- Inspira attraverso la narice destra, chiudi, e poi espira attraverso la narice sinistra.
- Questo completa un ciclo. Ripeti per diverse volte.

**Respirazione Contata**: Semplice ma efficace, questo esercizio aiuta a concentrarsi esclusivamente sul respiro, il che può essere particolarmente utile quando si sente un aumento dell'ansia. Per praticarlo:

- Trova un posto tranquillo e siediti o sdraiati comodamente.
- Chiudi gli occhi e prenditi un momento per rilassarti.
- Respira profondamente e conta fino a cinque mentre inspiri, poi conta fino a cinque mentre espiri.
- Continua a respirare profondamente, aumentando lentamente il conteggio fino a dove ti senti a tuo agio.

Integrare queste tecniche di respirazione nella tua routine quotidiana può avere effetti trasformativi sulla tua capacità di gestire lo stress e l'ansia. Iniziando con solo pochi minuti al giorno, puoi incrementare gradualmente il tempo man mano che diventi più a tuo agio con la pratica

L'attività fisica è un elemento fondamentale non solo per il benessere fisico, ma anche per la salute mentale. Per chi lotta con la dipendenza affettiva, l'esercizio fisico può offrire numerosi benefici, tra cui il miglioramento dell'umore e la riduzione dello stress, risultando uno strumento vitale nel processo di guarigione e recupero.

Numerose ricerche hanno dimostrato che l'attività fisica regolare può migliorare significativamente l'umore. Esercitarsi stimola la produzione di neurotrasmettitori come endorfine, spesso note come le 'sostanze chimiche del benessere' del corpo. Le endorfine aiutano a promuovere una sensazione di felicità e benessere, e possono anche ridurre il dolore e il disagio fisico. Per le persone con dipendenza affettiva, questo aumento del benessere può essere particolarmente utile, poiché spesso si trovano a gestire emozioni negative e stati d'animo depressivi che possono alimentare ulteriormente i loro schemi di dipendenza.

L'esercizio fisico è anche eccellente per diminuire lo stress. L'attività fisica regolare riduce i livelli di cortisolo, l'ormone dello stress del corpo, e aumenta la produzione di serotonina, un altro neurotrasmettitore che svolge un ruolo cruciale nella regolazione dell'umore, del sonno e dell'appetito. Gli esercizi, particolarmente quelli aerobici come la corsa, il nuoto o il ciclismo, possono avere effetti meditativi e tranquillizzanti sulla mente, aiutando le persone a distaccarsi dai pensieri ansiosi o ossessivi che caratterizzano la dipendenza affettiva.

Partecipare regolarmente ad attività fisiche può anche migliorare l'autostima e l'immagine corporea. Completare routine di allenamento, migliorare in una disciplina sportiva o semplicemente percepire miglioramenti nella forma fisica può aumentare la fiducia in sé stessi. Questo è particolarmente importante per chi soffre di dipendenza affettiva, poiché la bassa autostima è spesso un fattore chiave nella dipendenza. Sentirsi fisicamente forti può tradursi in una maggiore resilienza emotiva e mentale.

L'attività fisica regolare migliora anche i livelli generali di energia e la vitalità. L'esercizio aumenta la circolazione del sangue, migliora la salute cardiovascolare e aumenta la capacità di resistenza, consentendo alle persone di sentirsi più attive e meno affaticate durante il giorno. Per chi affronta la dipendenza affettiva, avere più energia può significare avere maggiori risorse per partecipare a attività sociali, perseguire hobby e interessi personali e impegnarsi in terapie o altre pratiche di auto-miglioramento.

Incorporare l'attività fisica nella routine quotidiana non deve necessariamente significare allenamenti intensi o lunghi periodi in palestra. Anche attività più leggere come passeggiate nella natura, yoga o danza possono essere estremamente benefiche. L'importante è trovare una forma di esercizio che sia piacevole, motivante e sostenibile nel tempo.

In sintesi, l'attività fisica è un pilastro fondamentale per chiunque desideri superare la dipendenza affettiva. Offre una via per migliorare l'umore, ridurre lo stress, accrescere la fiducia in sé stessi e vivere una vita più attiva e soddisfacente.

L'espressione sana delle emozioni è cruciale per chiunque stia cercando di superare la dipendenza affettiva. Spesso, le persone con dipendenza affettiva possono trovare difficile esprimere liberamente i propri sentimenti per paura di rifiuto o conflitto. Tuttavia, imparare a comunicare apertamente e onestamente le proprie emozioni è fondamentale per il recupero e per costruire relazioni più sane. Ecco alcuni metodi efficaci per esprimere le emozioni in modo costruttivo:

**Tenere un Diario Emotivo**: Scrivere un diario è un modo eccellente per elaborare e esprimere i propri sentimenti. La scrittura può aiutare a identificare e analizzare emozioni che potrebbero non essere immediatamente evidenti. Un diario offre uno spazio privato dove si può essere completamente onesti senza paura del giudizio. È utile stabilire un momento quotidiano per scrivere nel diario, riflettendo sugli eventi della giornata, su come ti hanno fatto sentire, e su come hai reagito a quelle emozioni. Questo processo non solo aiuta a sviluppare una maggiore consapevolezza di sé, ma può anche rivelare modelli o trigger emotivi che necessitano di ulteriore attenzione.

**Terapia**: Parlare con un terapeuta qualificato è un altro metodo efficace per esplorare e esprimere le emozioni. Un terapeuta può offrire uno spazio sicuro e supportivo per discutere di sentimenti e problemi che potrebbero essere difficili da affrontare da soli. La terapia può anche fornire strumenti e tecniche per gestire le emozioni in modo più sano, aiutando a comprendere e a rompere i cicli di dipendenza affettiva.

**Arte e Creatività**: Le attività creative come disegnare, dipingere, scrivere poesie o suonare uno strumento possono essere strumenti potenti per l'espressione emotiva. Queste attività permettono di esplorare e comunicare sentimenti in modi che le parole non possono sempre catturare. L'arte offre la libertà di esprimere sentimenti complessi in un formato tangibile, che può essere estremamente liberatorio e terapeutico.

**Comunicazione Aperta**: Sviluppare la capacità di parlare apertamente delle proprie emozioni con amici, familiari o partner è fondamentale. Questo richiede coraggio e pratica, specialmente se si è abituati a sopprimere i propri sentimenti. Iniziare con piccoli passi, come condividere un'emozione minore e costruire gradualmente fino a discussioni più significative, può aiutare a costruire la fiducia necessaria per comunicazioni più aperte e oneste.

**Mindfulness e Meditazione**: Pratiche come la mindfulness e la meditazione possono migliorare la consapevolezza delle proprie emozioni. Queste tecniche aiutano a osservare i propri sentimenti senza giudizio, promuovendo un senso di calma e permettendo una riflessione più profonda su ciò che si prova veramente.

L'abilità di esprimere le emozioni in modo sano è una componente chiave nella gestione della dipendenza affettiva. Man mano che impari a comunicare i tuoi sentimenti in modo più efficace, potresti scoprire una nuova forza e una maggiore capacità di stabilire relazioni autentiche e reciprocamente soddisfacenti.

La solitudine può essere una sfida significativa per chiunque, specialmente per chi soffre di dipendenza affettiva. Sentirsi soli può scatenare un bisogno compulsivo di cercare connessioni, spesso portando a relazioni poco salutari o a comportamenti dipendenti. Tuttavia, affrontare la solitudine in modi costruttivi è possibile e può portare a una maggiore crescita personale e indipendenza. Ecco alcuni consigli per gestire la solitudine in maniera efficace e salutare.

**Riconoscere e Accettare la Solitudine**: Il primo passo per gestire la solitudine è riconoscerla e accettarla come una parte normale dell'esperienza umana. Spesso, la resistenza o la paura della solitudine può intensificarne l'effetto. Accettare che è normale sentirsi soli di tanto in tanto può aiutare a ridurre l'ansia associata a questi sentimenti.

**Esplorare le Proprie Passioni e Interessi**: La solitudine può offrire un'opportunità unica per esplorare passioni e interessi che potrebbero essere stati trascurati. Che si tratti di leggere, scrivere, fare arte, camminare nella natura o imparare una nuova abilità, dedicarsi a queste attività può non solo migliorare l'umore, ma anche aumentare l'autostima e la soddisfazione personale.

**Stabilire e Mantenere Routine**: Creare una routine quotidiana può fornire struttura e senso. Includere attività regolari come l'esercizio fisico, la meditazione, il volontariato o anche semplici routine domestiche può ridurre i sentimenti di isolamento e costruire un senso di normalità e scopo.

**Socializzare in Modo Sano**: Mentre è importante non dipendere dagli altri per la propria felicità, mantenere connessioni sociali salutari è essenziale. Organizzare incontri regolari con amici o familiari, partecipare a gruppi di interesse locale o classi comunitarie, o persino interagire in forum online possono essere modi efficaci per sentirsi connessi senza diventare dipendenti.

**Volontariato**: Partecipare a attività di volontariato può offrire una via d'uscita dalla solitudine, permettendo di connettersi con gli altri e di sentirsi utili. Aiutare nei rifugi per senza tetto, nei centri per anziani o nelle organizzazioni di beneficenza locali può offrire senso di appartenenza e scopo.

**Terapia e Consulenza**: Se la solitudine diventa schiacciante, lavorare con un terapeuta può essere molto utile. Un professionista può aiutare a esplorare le radici della solitudine e sviluppare strategie per affrontarla in modo più salutare. La terapia può anche aiutare a trattare eventuali questioni sottostanti che contribuiscono alla dipendenza affettiva.

**Meditazione e Mindfulness**: Pratiche come la meditazione e la mindfulness possono aiutare a centrarsi e a connettersi con il momento presente, riducendo i sentimenti di solitudine. Queste pratiche possono insegnare a stare da soli con i propri pensieri senza sentirsi isolati o ansiosi.

Affrontare la solitudine non è semplice, ma con approcci proattivi, può diventare un'opportunità per il crescita personale e l'indipendenza.

L'accettazione è una pietra miliare nel percorso di guarigione da qualsiasi forma di dipendenza affettiva. Imparare ad accettare le proprie emozioni senza giudizio è fondamentale per sviluppare una relazione più sana con sé stessi e, di conseguenza, con gli altri. Questo processo di accettazione aiuta a ridurre la vergogna e l'ansia che spesso accompagnano i sentimenti di dipendenza e permette un'esplorazione più profonda e onesta del proprio vissuto interiore.

**Riduzione del Giudizio Interno**: Molte persone con dipendenza affettiva sono critiche nei confronti delle proprie emozioni, soprattutto quelle percepite come negative o debolezze, come la tristezza, la paura o la rabbia. Imparare ad accettare queste emozioni senza giudizio permette di ridurre l'autocritica e di aumentare la compassione verso se stessi. L'accettazione delle emozioni come parti naturali dell'esperienza umana aiuta a normalizzarle e a gestirle più efficacemente.

**Promozione dell'Introspezione e della Crescita Personale**: Accettare le proprie emozioni apre la porta all'introspezione. Questo non solo permette una migliore comprensione di se stessi e delle proprie reazioni, ma facilita anche la crescita personale. Attraverso l'accettazione, si può iniziare a esplorare le cause sottostanti delle emozioni e a sviluppare strategie più adatte per affrontarle.

**Diminuzione dell'Evitamento Emotivo**: Spesso, in un tentativo di evitare il disagio emotivo, le persone con dipendenza affettiva possono ricorrere a comportamenti evitanti o distruttivi. L'accettazione riduce la necessità di evitare le emozioni, incoraggiando invece un confronto sano e diretto con esse. Questo approccio non solo diminuisce la dipendenza da strategie di coping disfunzionali, ma promuove anche un maggiore equilibrio emotivo.

**Miglioramento delle Relazioni**: L'accettazione delle proprie emozioni può migliorare significativamente le relazioni interpersonali. Capire e accettare i propri sentimenti rende più semplice comunicarli in modo chiaro e costruttivo agli altri, riducendo malintesi e conflitti. Inoltre, sviluppando una maggiore tolleranza verso le proprie emozioni, si tende a essere più empatici e comprensivi anche verso quelle altrui.

**Strategie per Promuovere l'Accettazione**

- **Mindfulness e Meditazione**: Pratiche di mindfulness e meditazione possono essere strumenti efficaci per sviluppare l'accettazione. Queste pratiche insegnano a osservare le proprie emozioni senza giudizio e a restare presenti con esse, accettandole per quello che sono.
- **Diario Emotivo**: Tenere un diario delle emozioni può aiutare a riconoscere e accettare i propri sentimenti. Scrivere regolarmente su come ci si sente e sulle circostanze che hanno scatenato queste emozioni può facilitare un processo di accettazione graduale e profonda.
- **Terapia**: La terapia con un professionista qualificato può essere cruciale nel percorso di accettazione. Un terapeuta può fornire un ambiente sicuro e supportivo per esplorare le emozioni, offrendo strumenti e tecniche per accettarle e gestirle efficacemente.

In sintesi, l'accettazione delle proprie emozioni è un aspetto essenziale per superare la dipendenza affettiva e per costruire una vita emotivamente ricca e soddisfacente.

# Capitolo 6: Ricostruire la propria identità: ritrovare l'autonomia emotiva

Ricostruire la propria identità e ritrovare l'autonomia emotiva richiede di affrontare e abbandonare il "falso sé", quell'insieme di comportamenti e maschere che sono stati costruiti nel tempo principalmente per compiacere gli altri. Per molte persone con dipendenza affettiva, parte del processo di guarigione include il riconoscimento e la liberazione da questi aspetti non autentici di sé, permettendo loro di vivere una vita più autentica e soddisfacente. Ecco come iniziare questo processo vitale:

**Identificazione del Falso Sé**

Il primo passo è identificare quali parti della propria personalità e quali comportamenti sono genuini e quali sono stati adottati per adattarsi alle aspettative altrui. Questo può essere difficile, in quanto spesso queste maschere sono state indossate per tanto tempo che sembrano parte integrante di chi siamo. Per iniziare questo processo:

- **Riflessione**: Passa del tempo in riflessione tranquilla, chiedendoti quando ti senti più autentico e quando senti di dover recitare un ruolo per essere accettato dagli altri.
- **Diario delle Emozioni**: Usa un diario per annotare situazioni in cui ti senti costretto a comportarti in un certo modo per compiacere gli altri e nota come ti senti in quei momenti.

## Comprendere le Origini

Spesso, il falso sé ha radici profonde nelle esperienze di vita precoci, come l'infanzia o le prime relazioni significative. Comprendere da dove derivano questi comportamenti può aiutare a scioglierli:

- **Analisi delle Relazioni Passate**: Considera le tue relazioni passate e le aspettative che gli altri avevano su di te. Rifletti su come queste aspettative hanno plasmato il tuo comportamento.
- **Terapia**: Lavorare con un terapeuta può fornire una guida preziosa in questo processo, aiutando a identificare e comprendere le origini del falso sé.

## Sfidare il Falso Sé

Una volta identificate queste parti non autentiche, il passo successivo è sfidarle attivamente e sostituirle con comportamenti più autentici.

- **Assertività**: Pratica l'essere assertivo nelle tue relazioni, esprimendo i tuoi veri sentimenti e bisogni senza paura del giudizio. Questo può iniziare con piccoli passi, come esprimere opinioni in situazioni a basso rischio.
- **Esperimenti Comportamentali**: Metti alla prova i tuoi veri desideri e interessi provando nuove attività che pensi possano rispecchiare più fedelmente il tuo vero io.

## Rinforzare l'Autenticità

Rinforzare il proprio vero sé è un processo continuo che richiede impegno e consapevolezza.

- **Valori e Passioni**: Identifica i tuoi valori fondamentali e le tue passioni. Impegnati in attività che riflettono questi valori e permettiti di perseguire le tue passioni.
- **Supporto**: Circondati di persone che supportano e celebrano il tuo vero sé. Questo ambiente positivo è essenziale per mantenere l'autenticità.

Abbandonare il falso sé non è un compito facile e può comportare periodi di disagio mentre si lasciano andare vecchi modelli. Tuttavia, il risultato è una vita vissuta con maggiore integrità e soddisfazione.

Coltivare l'autostima è un processo essenziale per chiunque desideri superare la dipendenza affettiva e costruire una relazione più sana e autonoma con sé stesso e gli altri. Un'alta autostima contribuisce a una maggiore resilienza nei confronti delle sfide della vita e riduce la probabilità di dipendere emotivamente dagli altri. Ecco alcuni esercizi pratici che possono aiutare a incrementare l'autostima e l'amor proprio.

**Affermazioni Positive**: Uno degli strumenti più efficaci per costruire l'autostima è l'uso di affermazioni positive. Queste sono dichiarazioni costruttive che si ripetono a sé stessi per rafforzare la fiducia nelle proprie capacità e qualità. Ad esempio, affermazioni come "Sono degno di amore e rispetto" o "Ho la forza di affrontare qualsiasi sfida" possono essere ripetute ogni mattina e ogni sera davanti allo specchio. È importante che queste affermazioni siano in prima persona, positive e realistiche.

**Diario delle Realizzazioni**: Mantenere un diario delle proprie realizzazioni quotidiane può avere un impatto significativo sull'autostima. Anche gli successi apparentemente minori, come completare un compito o esercitarsi per 30 minuti, meritano di essere riconosciuti e celebrati. Scrivere queste conquiste non solo aiuta a riconoscerle ma rafforza anche la percezione delle proprie capacità.

**Obiettivi a Piccoli Passi**: Stabilire obiettivi piccoli e raggiungibili è un modo efficace per costruire la fiducia in sé stessi. Dividere un grande obiettivo in piccoli passi gestibili permette di sperimentare successo regolarmente, che alimenta l'autostima. Ogni piccolo successo serve come prova delle proprie capacità e rafforza la convinzione di poter raggiungere anche traguardi più grandi.

**Esplorazione dei Propri Talenti**: Dedicare tempo per esplorare e sviluppare i propri talenti e passioni può migliorare significativamente l'autostima. Che si tratti di arte, musica, sport, o scrittura, investire in attività che si amano non solo migliora le abilità in quel campo ma rafforza anche il senso di identità e l'autovalutazione.

**Esercizi di Visualizzazione**: La visualizzazione è un potente strumento di costruzione della fiducia. Immaginarsi con successo in varie situazioni può aumentare la sicurezza nelle proprie capacità di affrontare simili sfide nella realtà. Ad esempio, visualizzare se stessi che parlano con assertività o gestiscono una situazione stressante con calma può aiutare a comportarsi in modo analogo quando si verificano queste situazioni.

**Confronto Costruttivo**: È naturale confrontarsi con gli altri, ma questo può spesso danneggiare l'autostima. Invece di confrontarsi in modo critico, può essere utile cercare ispirazione negli altri per imparare e crescere. Riconoscere che ogni persona ha un percorso unico può ridurre la pressione di dover "competere" e permettere di apprezzare e celebrare i propri successi personali.

Implementare questi esercizi nella routine quotidiana non solo aiuterà a costruire e mantenere un'alta autostima, ma anche a instaurare un rapporto più sano e amorevole con se stessi. Questo è fondamentale per chiunque stia lavorando per superare la dipendenza affettiva e desideri vivere una vita più piena e soddisfacente.

Sviluppare l'assertività è fondamentale per chiunque desideri costruire relazioni sane e bilanciate. L'assertività permette di comunicare apertamente i propri bisogni e desideri senza essere aggressivi o passivi, un'abilità particolarmente importante per chi supera la dipendenza affettiva, spesso caratterizzata da difficoltà nel stabilire e mantenere confini personali sani. Qui di seguito, alcune strategie pratiche per aiutare a sviluppare e applicare l'assertività nella vita quotidiana.

**Comprendere Cosa Significa Essere Assertivi**: L'assertività è il punto di equilibrio tra passività (non esprimere i propri bisogni) e aggressività (esprimere i propri bisogni in modo dannoso per gli altri). Essere assertivi significa rispettare sé stessi e gli altri quando si esprimono opinioni, desideri e bisogni.

**Conoscere i Propri Diritti**: Prima di poter praticare l'assertività, è essenziale riconoscere i propri diritti fondamentali, come il diritto di dire "no", di cambiare idea, di fare errori, di non dover giustificare le proprie decisioni agli altri. Avere chiari questi diritti può aumentare la sicurezza nel rivendicarli nelle interazioni quotidiane.

**Espressione Chiara delle Proprie Necessità**: Imparare a esprimere chiaramente i propri bisogni e desideri è un elemento chiave dell'assertività. Questo può essere fatto utilizzando l'"Io" nelle comunicazioni, come in "Io sento" o "Io desidero", seguito da una descrizione specifica di ciò che si vuole o si sente. Ad esempio, invece di dire "Mi fai sempre lavorare tardi", si potrebbe dire, "Mi sento stressato quando lavoro tardi frequentemente e vorrei che potessimo trovare una soluzione insieme".

**Praticare l'Ascolto Attivo**: L'assertività include anche ascoltare attivamente gli altri. Questo non solo mostra rispetto per le opinioni altrui, ma migliora anche la comprensione reciproca. L'ascolto attivo implica dare feedback che mostrano di aver compreso il punto di vista dell'altro, senza interrompere o pianificare la propria risposta mentre l'altra persona sta parlando.

**Gestire il Conflitto in Modo Costruttivo**: Gli assertivi sanno che il conflitto è parte naturale di qualsiasi relazione e imparano a gestirlo in modo costruttivo. Ciò include rimanere calmi, esprimere i propri sentimenti e bisogni senza accusare, e lavorare insieme per trovare soluzioni win-win.

**Utilizzare il Linguaggio del Corpo Assertivo**: Il linguaggio del corpo gioca un ruolo importante nella comunicazione assertiva. Mantenere un contatto visivo, adottare una postura aperta e sicura, e usare un tono di voce chiaro e calmo può rendere il messaggio più efficace.

**Iniziare con Piccoli Passi**: Per chi non è abituato a essere assertivo, può essere utile iniziare con situazioni a basso rischio, come esprimere un'opinione su un film o un ristorante, per poi gradualmente affrontare questioni più significative.

Sviluppare l'assertività può richiedere tempo e pratica, ma i benefici in termini di relazioni più sane e maggiore stima di sé sono immensi.

Esplorare nuovi interessi e hobby è una componente essenziale nel processo di ricostruzione della propria identità, specialmente per chi cerca di superare la dipendenza affettiva. Dedicarsi a nuove passioni può non solo arricchire la vita, ma anche fornire nuovi modi per connettersi con sé stessi e con gli altri, riducendo la dipendenza da relazioni che possono essere fonte di stress o dolore. Ecco alcuni consigli pratici per incoraggiare a scoprire e coltivare nuovi interessi.

**Fare un'Autorevisione**: Inizia con una riflessione su ciò che ti ha sempre incuriosito o interessato, anche superficialmente. Forse c'è stato un hobby che hai sempre voluto provare o un'attività che ammiravi negli altri ma non hai mai pensato di poter fare tu stesso. Annota queste idee.

**Prova Diverse Attività**: L'esplorazione è chiave. Iscriviti a corsi di prova gratuiti, partecipa a workshop o guarda tutorial online per sperimentare diverse attività. Questo può includere arti marziali, pittura, scrittura, musica, cucina, o sport. L'obiettivo è sperimentare una varietà di opzioni per vedere cosa risuona di più con te.

**Imposta Obiettivi Piccoli e Realizzabili**: Quando inizi qualcosa di nuovo, è importante impostare obiettivi piccoli e gestibili per non sentirsi sopraffatti. Ad esempio, se decidi di imparare a suonare uno strumento musicale, potresti iniziare con l'imparare a suonare una semplice canzone entro le prime settimane.

**Unisciti a Gruppi di Interesse**: Partecipare a gruppi o club può aumentare significativamente il tuo interesse e motivazione. Essere parte di una comunità con interessi simili fornisce supporto e incoraggiamento, che sono cruciali quando si esplorano nuove attività. Controlla i social media, le biblioteche locali o i centri comunitari per trovare gruppi.

**Condividi la tua Esperienza**: Condividere i tuoi progressi e le tue esperienze con amici o familiari può aumentare il tuo entusiasmo e motivazione. Questo potrebbe anche ispirare altri a provare nuove attività, creando opportunità di connessione basate su interessi condivisi.

**Valuta il tuo Progresso e Adatta**: Man mano che esplori nuovi interessi, valuta periodicamente cosa stai godendo di più e considera di approfondire queste aree. Se un'attività non si rivela come speravi, non esitare a passare a qualcos'altro. L'obiettivo è trovare qualcosa che ti arricchisca e ti soddisfi.

**Ricorda di Divertirti**: L'elemento più importante nell'esplorare nuovi interessi è il divertimento. Se un'attività diventa una fonte di stress, potrebbe essere il momento di riconsiderare il tuo impegno in essa. L'hobby ideale dovrebbe essere un'attività rilassante e rigenerante, non un'altra fonte di pressione.

Incoraggiare la scoperta di nuovi interessi non solo aiuta a ridurre la dipendenza affettiva, ma apre anche la porta a una vita più ricca e più equilibrata.

Creare una rete di supporto solida e affidabile è fondamentale per chiunque stia lavorando per superare la dipendenza affettiva. Circondarsi di persone positive e supportive può fare una grande differenza nel processo di guarigione, fornendo incoraggiamento, comprensione e un senso di appartenenza. Ecco alcuni passaggi chiave e considerazioni per costruire una tale rete di supporto.

Il primo passo nel creare una rete di supporto è valutare le relazioni esistenti. È importante identificare quali amicizie o legami familiari sono genuinamente positivi e quali potrebbero essere tossici o contribuire ai modelli di dipendenza affettiva. Questo può richiedere un'autoanalisi onesta e, a volte, dolorosa, ma è cruciale per garantire che le persone intorno a te possano realmente supportare il tuo percorso di crescita e miglioramento.

Nel cercare di espandere o rafforzare la tua rete di supporto, è utile concentrarsi su persone che dimostrano qualità specifiche:

- **Empatia**: Persone che mostrano capacità di comprendere e condividere i sentimenti altrui.

- **Affidabilità**: Individui su cui puoi contare per essere lì quando ne hai bisogno.
- **Positività**: Persone che tendono a vedere il lato positivo delle situazioni e ti incoraggiano a fare altrettanto.
- **Rispetto per i confini**: È essenziale che le persone nella tua rete rispettino i tuoi spazi personali e non ti spingano oltre i tuoi limiti di comfort senza il tuo consenso.

Un modo efficace per ampliare la tua rete di supporto è partecipare a gruppi e attività che riflettono i tuoi interessi e valori. Che si tratti di gruppi di supporto, club di hobby, attività di volontariato o classi di fitness, queste comunità possono offrire opportunità non solo per incontrare nuove persone, ma anche per rafforzare la tua identità e il tuo senso di appartenenza.

Nell'era digitale, le comunità online possono anche essere una risorsa preziosa. Piattaforme e forum dedicati a specifici interessi o sfide personali possono offrire supporto e consigli da persone che hanno esperienze simili. Tuttavia, è importante avvicinarsi alle comunità online con cautela e cercare spazi che siano moderati e positivi.

Costruire una rete di supporto non è un evento una tantum, ma un processo continuo. Mantenere e coltivare relazioni richiede impegno e comunicazione. È importante dedicare tempo a sviluppare queste relazioni attraverso incontri regolari, conversazioni sincere e supporto reciproco. Riconoscere e celebrare i successi degli altri nella tua rete può rafforzare ulteriormente questi legami.

Infine, mentre cerchi supporto dagli altri, è importante anche offrire supporto. Essere una forza positiva nella vita degli altri non solo aiuta loro, ma può anche migliorare la tua autostima e il tuo senso di utilità. Inoltre, creare un ambiente di supporto reciproco può rafforzare l'intera rete, rendendola più resiliente e duratura.

In sintesi, costruire e mantenere una rete di supporto è un elemento cruciale del recupero dalla dipendenza affettiva. Offre non solo una fonte di conforto e sicurezza durante i tempi difficili, ma anche una piattaforma per la crescita personale e l'apprendimento.

Celebrare i propri successi, grandi e piccoli, è un aspetto fondamentale del processo di auto-crescita e guarigione, particolarmente per chi sta superando la dipendenza affettiva. Riconoscere e festeggiare i propri traguardi può non solo migliorare l'autostima, ma anche consolidare i progressi fatti verso una maggiore autonomia emotiva. Ecco come si può imparare a celebrare i propri successi in modo efficace e costruttivo.

**Riconoscere Ogni Successo**: Il primo passo per celebrare i propri successi è riconoscerli. Spesso, si tende a minimizzare i piccoli traguardi o a non considerarli degni di nota. Tuttavia, ogni passo compiuto verso il proprio benessere, indipendentemente dalla sua grandezza, merita riconoscimento. Può essere utile tenere un diario dei successi, dove annoti ogni progresso fatto, come resistere a un'urgenza, gestire uno stress senza cadere in comportamenti dipendenti, o semplicemente aver passato una giornata produttiva.

**Definire Cosa Costituisce un Successo**: È importante che ciascuno definisca personalmente cosa significa "successo" per sé. Questo potrebbe variare enormemente da persona a persona, a seconda delle sfide personali e degli obiettivi. Ad esempio, per qualcuno, un successo potrebbe essere il completamento di un progetto lavorativo, mentre per un altro potrebbe essere il fatto di avere passato una serata sociale senza ansia.

**Impostare Momenti di Riflessione**: Stabilisci momenti regolari per riflettere sui tuoi successi. Questo potrebbe essere alla fine di ogni giorno, settimana o mese. Durante questi momenti, guarda indietro alle tue annotazioni o semplicemente rifletti sui progressi fatti. Questo ti aiuta a vedere quanto sei avanzato e a internalizzare i tuoi successi.

**Condividere i Successi con Altri**: Condividere i tuoi traguardi con amici, familiari o in un gruppo di supporto può amplificare il senso di realizzazione. Ricevere feedback positivo e supporto da altri non solo rafforza l'autostima, ma anche motiva a continuare sul percorso di crescita personale.

**Ricompensarsi**: Stabilisci delle ricompense per te stesso quando raggiungi un obiettivo. Questo potrebbe essere qualcosa di semplice come una serata di relax, un trattamento speciale come un massaggio, o l'acquisto di qualcosa che desideravi da tempo. Le ricompense fungono da rinforzo positivo, cementando l'abitudine di riconoscere e celebrare i propri successi.

**Sviluppare una Mentalità di Crescita**: Parte del processo di celebrare i successi include lo sviluppo di una mentalità di crescita. Questo significa vedere ogni esperienza come un'opportunità di apprendimento. Anche quando incontri ostacoli, anziché vederli come fallimenti, considerali come parte del processo di apprendimento e crescita.

**Essere Grati**: La gratitudine è strettamente legata al processo di celebrazione dei propri successi. Pratica la gratitudine regolarmente, riflettendo su ciò che hai raggiunto e su chi o cosa ti ha aiutato lungo il cammino.

Incorporare questi metodi nella propria vita quotidiana può notevolmente migliorare il modo in cui si vede e si valuta il proprio percorso. Celebrare i propri successi non solo rinforza l'autostima, ma anche costruisce una base solida per la continua crescita e indipendenza.

# Capitolo 7: Costruire relazioni sane: cosa cercare in un partner

Nel percorso verso la costruzione di relazioni sane, riconoscere le qualità che definiscono un partner sano è fondamentale. Queste caratteristiche non solo favoriscono un ambiente di supporto reciproco e crescita, ma sono anche essenziali per mantenere un legame duraturo e autentico. Un partner sano contribuisce a una relazione bilanciata in cui entrambi i partner si sentono valorizzati, ascoltati e supportati. Ecco alcune delle principali qualità da cercare in un partner che può contribuire a una relazione sana e reciproca:

**Comunicazione Aperta ed Efficace**: Una delle qualità fondamentali in un partner sano è la capacità di comunicare apertamente e onestamente. La comunicazione non si limita solo a parlare, ma include anche ascoltare attivamente. Un partner che sa comunicare esprime chiaramente i propri bisogni, desideri e preoccupazioni, e allo stesso tempo è attento e reattivo ai bisogni del suo partner.

**Rispetto**: Il rispetto reciproco è il pilastro di ogni relazione sana. Un partner che rispetta le tue opinioni, i tuoi sentimenti, i tuoi spazi personali e i tuoi limiti dimostra che tiene veramente a te. Il rispetto deve essere costante, sia in privato che in pubblico, e non deve mai diminuire, indipendentemente dalle circostanze.

**Affidabilità**: Affidabilità significa che puoi contare sul tuo partner non solo nei momenti felici, ma anche nei periodi difficili. Un partner affidabile mantiene le promesse e dimostra con coerenza che sei una priorità nella sua vita, offrendo una base di stabilità e sicurezza nella relazione.

**Supporto Emotivo**: Un partner sano offre supporto emotivo e incoraggiamento, non solo nei momenti di successo, ma soprattutto nei momenti di difficoltà. Questo supporto include l'essere un buon ascoltatore, mostrare empatia e fare del proprio meglio per comprendere e rispondere alle tue emozioni e esperienze.

**Indipendenza**: Anche se può sembrare controintuitivo, un partner che mantiene una certa indipendenza personale contribuisce a una relazione più sana. Ciò significa che entrambi i partner hanno interessi, amicizie e passioni fuori dalla relazione, il che arricchisce le loro vite individuali e, di conseguenza, la loro relazione.

**Flessibilità e Adattabilità**: La vita cambia e evolve, e così dovrebbero fare le relazioni. Un partner sano è disposto ad adattarsi e compromettersi quando necessario, riconoscendo che il cambiamento è parte integrante della crescita sia individuale che di coppia.

**Integrità e Onestà**: L'onestà e l'integrità sono essenziali in una relazione sana. Ciò non significa solo evitare bugie, ma anche essere trasparenti riguardo ai propri sentimenti e intenzioni. Un partner che dimostra costantemente queste qualità costruisce una fondamentale fiducia reciproca.

**Sensibilità e Comprensione**: Un buon partner è sensibile alle tue vulnerabilità e fa sforzi consapevoli per non ferire o sfruttare queste debolezze. Mostra comprensione e pazienza, specialmente quando affronti sfide personali o momenti di stress.

Riconoscere queste qualità in un partner può aiutarti a costruire una relazione basata su fondamenta solide e reciproco rispetto.

La comunicazione efficace è la colonna vertebrale di ogni relazione sana. Una comunicazione aperta, onesta e rispettosa permette a entrambi i partner di sentirsi ascoltati, compresi e valorizzati. Ecco alcuni strumenti e tecniche che possono aiutare a migliorare la qualità della comunicazione nelle relazioni.

**Ascolto Attivo**: L'ascolto attivo non solo significa sentire le parole che l'altro dice, ma anche comprendere il messaggio completo che sta cercando di trasmettere. Questo comporta l'attenzione a non interrompere mentre l'altro sta parlando, mostrare interesse attraverso il contatto visivo e il linguaggio del corpo, e fare domande che approfondiscono la conversazione anziché rispondere solo con le proprie opinioni o esperienze.

**Utilizzo del Linguaggio "Io"**: Per evitare di sembrare accusatori o provocatori, è utile utilizzare espressioni che iniziano con "Io" quando si discutono questioni sensibili. Per esempio, anziché dire "Tu non ascolti mai", si potrebbe dire "Mi sento ignorato quando parlo e sembra che non stai ascoltando". Questo approccio riduce la probabilità di mettere sulla difensiva l'altro e apre la strada a una comunicazione più aperta.

**Espressione Chiara dei Bisogni e Desideri**: Molte incomprensioni e conflitti nascono da una comunicazione ambigua o incompleta. È essenziale essere chiari e diretti nell'esprimere ciò che si vuole o ciò di cui si ha bisogno senza aspettarsi che l'altro "indovini". Questo richiede una certa dose di vulnerabilità e coraggio, ma è fondamentale per mantenere una relazione chiara e diretta.

**Gestione dei Conflitti**: Anche la migliore delle relazioni può sperimentare dei conflitti. La chiave è gestirli in modo costruttivo. Ciò include riconoscere quando fare una pausa se una discussione diventa troppo accesa, affrontare solo un problema alla volta senza tirare in ballo vecchie ruggini, e cercare attivamente soluzioni o compromessi anziché cercare di "vincere" la discussione.

**Feedback Positivo**: È importante non limitare la comunicazione ai momenti di disaccordo. Condividere feedback positivo, esprimere apprezzamento e riconoscere i successi dell'altro rafforzano il legame e creano un ambiente positivo, riducendo le probabilità di conflitti futuri.

**Attenzione alla Non Verbale**: La comunicazione non verbale, come il contatto visivo, l'espressione del viso e il tono della voce, possono dire tanto quanto le parole. Essere consapevoli di come il proprio linguaggio del corpo possa essere interpretato può aiutare a evitare malintesi e trasmettere un messaggio più chiaro.

**Pratica Regolare**: Come per qualsiasi altra abilità, la comunicazione efficace richiede pratica. Questo può includere la partecipazione a workshop o seminari, la lettura di libri sulla comunicazione, o anche la pratica attraverso giochi di ruolo con un amico o un terapeuta.

Implementare queste strategie nella vita quotidiana può significativamente migliorare la qualità delle interazioni personali. Facendo della comunicazione efficace una priorità, le relazioni possono diventare più forti, più resilienti e più soddisfacenti.

La risoluzione dei conflitti in modo costruttivo è una competenza vitale, specialmente per coloro che desiderano stabilire e mantenere relazioni sane. Le tensioni e i disaccordi sono inevitabili in qualsiasi relazione, ma la chiave per una gestione efficace sta nel modo in cui questi conflitti vengono affrontati. Ecco alcune tecniche per risolvere i conflitti in maniera costruttiva:

**Mantenere la Calma e il Controllo**: Prima di tutto, è fondamentale mantenere la calma. Prendersi un momento per respirare profondamente e calmare la mente può prevenire reazioni impulsive che potrebbero aggravare il conflitto. La calma permette di pensare più chiaramente e di rispondere piuttosto che reagire.

**Ascolto Attivo**: Ascoltare è tanto importante quanto parlare quando si risolvono i conflitti. L'ascolto attivo significa prestare piena attenzione all'altra persona, cercando di capire veramente il suo punto di vista senza interrompere o pianificare la propria risposta mentre l'altra persona sta parlando. Questo mostra rispetto per il partner e può aiutare a chiarire malintesi.

**Parlare in Prima Persona**: Utilizzare dichiarazioni in prima persona aiuta a esprimere i propri sentimenti senza incolpare l'altro. Frasi come "Mi sento frustrato quando..." o "Sono preoccupato per..." permettono di condividere le proprie emozioni senza fare affermazioni accusatorie che possono mettere l'altra persona sulla difensiva.

**Identificare il Problema Reale**: Spesso, i conflitti superficiali possono essere sintomi di problemi più profondi. È importante identificare la vera fonte del disaccordo. Questo può richiedere un dialogo onesto e aperto sulle questioni sottostanti che potrebbero non essere state espresse chiaramente in precedenza.

**Cercare Soluzioni Win-Win**: Invece di cercare un "vincitore" del conflitto, è utile cercare soluzioni che soddisfino entrambe le parti. Questo può comportare compromessi o trovare nuovi modi creativi per soddisfare le necessità di entrambi. L'obiettivo è che nessuno si senta come se avesse perso, ma che entrambi sentano di aver fatto progressi verso una risoluzione comune.

**Utilizzare Domande Aperte**: Fare domande che richiedono più di un semplice sì o no può aiutare a esplorare più a fondo le questioni e a scoprire cosa pensa realmente l'altra persona. Domande come "Cosa pensi che possiamo fare per risolvere questo problema?" possono promuovere il dialogo e la collaborazione.

**Sapere Quando Prendersi una Pausa**: Se i livelli di stress diventano troppo elevati e non si riesce a mantenere una discussione produttiva, può essere saggio prendersi una pausa temporanea dal dialogo. Questo dà a entrambe le parti il tempo per riflettere, calmarsi e considerare la prospettiva dell'altro prima di continuare la discussione.

**Chiedere Aiuto se Necessario**: A volte, alcuni conflitti possono essere troppo complessi o carichi di emozioni per essere risolti senza aiuto esterno. In questi casi, può essere utile consultare un mediatore professionista o un terapeuta, che può offrire una guida neutrale e professionale.

Implementando queste tecniche, possiamo apprendere modi più efficaci e rispettosi per gestire i conflitti nelle relazioni. Queste strategie non solo aiutano a risolvere i disaccordi in modo più pacifico e costruttivo, ma rafforzano anche le relazioni, costruendo una comprensione e un rispetto reciproci che sono fondamentali per qualsiasi legame duraturo.

L'intimità emotiva è un aspetto cruciale delle relazioni sane e soddisfacenti. Essa si riferisce alla capacità di condividere pensieri, sentimenti e esperienze più profonde con un'altra persona in un ambiente di comprensione, fiducia e accettazione reciproca. L'intimità emotiva permette a ciascun partner di sentirsi visto, ascoltato e compreso, andando oltre la superficie per connettersi a un livello più significativo. Ecco alcuni approfondimenti sull'importanza dell'intimità emotiva e su come essa può essere coltivata e mantenuta in una relazione.

L'intimità emotiva è il fondamento su cui si costruiscono la fiducia e la connessione in una relazione. Quando i partner sono capaci di esprimere liberamente i loro pensieri e sentimenti senza paura di giudizio o rifiuto, si crea un legame di fiducia che rafforza la relazione. Questa trasparenza permette a entrambi i partner di sentirsi più sicuri e supportati, sapendo che possono contare l'uno sull'altro per supporto emotivo.

Attraverso la condivisione di esperienze e emozioni, l'intimità emotiva non solo fortifica la relazione, ma promuove anche la crescita personale. Affrontare insieme le sfide, condividere le gioie e le preoccupazioni, e navigare i cambiamenti della vita arricchisce la comprensione reciproca e permette a ciascun partner di evolvere individualmente e come coppia.

Quando c'è un elevato grado di intimità emotiva, i partner sono generalmente più attenti ai bisogni e ai desideri dell'altro. Questa consapevolezza aiuta a prevenire i conflitti poiché entrambi si sforzano di comprendere e rispettare i punti di vista e le emozioni altrui. Anche quando sorgono i conflitti, l'intimità emotiva facilita una risoluzione più efficace, poiché c'è già un solido fondamento di comprensione e fiducia su cui costruire.

Le sfide e le crisi sono inevitabili nella vita di ogni individuo e coppia. L'intimità emotiva assicura che, in questi momenti difficili, ciascun partner abbia un sostegno emotivo su cui fare affidamento. Essere in grado di appoggiarsi l'uno all'altro, condividendo paure, delusioni o stress, può alleviare il peso emotivo di tali sfide e rafforzare il legame tra i partner.

**Come Coltivare l'Intimità Emotiva**

**Comunicazione Aperta e Onesta**: Inizia con l'impegno a essere aperti e onesti l'uno con l'altro. Questo include condividere i propri pensieri e sentimenti, anche quelli che possono sembrare difficili o scomodi.

**Ascolto Attivo**: Mostra interesse e cura per ciò che il tuo partner ha da dire. Ascolta senza interrompere e cerca di capire veramente il suo punto di vista prima di rispondere.

**Tempo di Qualità Insieme**: Trascorri tempo di qualità insieme senza distrazioni. Questo può includere appuntamenti regolari, passeggiate o semplicemente del tempo tranquillo insieme a casa.

**Supporto Reciproco**: Offritevi supporto reciproco nelle sfide quotidiane e nelle ambizioni personali. Incoraggia il tuo partner nei suoi sforzi e cerca il suo sostegno quando ne hai bisogno.

**Rispetto dei Confini**: Rispetta i confini emotivi del tuo partner e chiedi che i tuoi siano rispettati. La comprensione e il rispetto dei confini sono essenziali per mantenere la salute di qualsiasi relazione.

Coltivare e mantenere l'intimità emotiva richiede impegno e dedizione, ma i benefici che ne derivano possono trasformare una relazione ordinaria in una condivisione profonda e significativa.

Stabilire confini sani è essenziale per mantenere relazioni equilibrate e rispettose. I confini aiutano a definire ciò che è accettabile e ciò che non lo è in una relazione, proteggendo il benessere emotivo, fisico e mentale di entrambi i partner. Ecco alcune strategie per stabilire e mantenere confini salutari nelle relazioni.

**Identificazione dei Propri Bisogni e Valori**: Il primo passo nello stabilire confini è comprendere i propri bisogni e valori personali. Questo include riconoscere ciò che ti fa sentire a tuo agio, ciò che ti è importante e ciò che necessiti per sentirsi rispettato e valorizzato. Rifletti su esperienze passate e identifica i momenti in cui ti sei sentito compromesso o non rispettato. Utilizza queste riflessioni per definire chiaramente i tuoi confini.

**Comunicazione Chiara e Diretta**: Una volta identificati i tuoi bisogni, è fondamentale comunicarli chiaramente al tuo partner. Usa un linguaggio diretto e specifico, evitando ambiguità. Per esempio, anziché dire "Mi piacerebbe passare più tempo da solo", prova con "Ho bisogno di un'ora da solo ogni sera per ricaricarmi". Essere espliciti aiuta a prevenire malintesi e garantisce che entrambi i partner siano consapevoli delle aspettative reciproche.

**Ascolto Attivo dell'Altro**: Così come è importante esprimere i propri confini, è vitale ascoltare e rispettare quelli del partner. Quando il tuo partner condivide i suoi limiti, ascolta attivamente e cerca di comprendere le sue ragioni. Questo non solo mostra rispetto per i suoi bisogni ma rafforza anche la fiducia reciproca e la comprensione nella relazione.

**Implementazione Coerente**: Stabilire confini è solo il primo passo; mantenerli è altrettanto cruciale. Sii coerente nell'applicare i confini che hai stabilito e rispetta quelli del tuo partner. La coerenza dimostra che prendi sul serio i tuoi bisogni e quelli del partner, e aiuta a prevenire conflitti futuri.

**Adattabilità**: I confini possono cambiare nel tempo a seconda delle circostanze della vita e delle fasi della relazione. Sii aperto a discutere e ad adattare i confini quando necessario.

Questa flessibilità può aiutare a mantenere la relazione fresca e responsiva alle esigenze di entrambi i partner.

**Gestione dei Conflitti legati ai Confini**: Se i confini vengono ignorati o violati, è importante affrontare la situazione in modo aperto e onesto. Esprimi come ti senti quando un confine è stato oltrepassato e discuti come prevenire situazioni simili in futuro. Questo può richiedere di riaffermare i tuoi confini o di discutere le ragioni dietro la violazione.

**Supporto da Terzi**: In alcuni casi, soprattutto se stabilire e mantenere confini diventa una sfida continua, potrebbe essere utile cercare il supporto di un terapeuta o consulente. Un professionista può offrire una prospettiva esterna e neutralità, aiutando a navigare e a risolvere questioni legate ai confini in modo efficace.

Stabilire confini sani non solo protegge il tuo benessere personale, ma contribuisce anche a creare una relazione reciprocamente rispettosa e appagante.

Evitare le trappole comuni nelle relazioni e riconoscere i segnali di allarme di una dinamica potenzialmente tossica è cruciale per mantenere la propria salute emotiva e per costruire legami interpersonali sani. Le relazioni tossiche possono essere dannose, erodendo l'autostima e il benessere psicologico. Ecco alcuni segnali di allarme e strategie per riconoscere e affrontare situazioni potenzialmente tossiche.

**Dominio e Controllo**: Uno dei segnali più evidenti di una relazione tossica è la presenza di comportamenti dominanti e controllanti. Questo può manifestarsi come un partner che vuole controllare dove vai, chi incontri, come spendi i tuoi soldi, o persino come ti vesti. Questo tipo di controllo è spesso giustificato con l'affetto o la preoccupazione, ma può limitare seriamente la tua libertà personale.

**Mancanza di Rispetto per i Confini**: Un partner che non rispetta i tuoi limiti personali, sia emotivi che fisici, è un segnale di allarme. Questo include ignorare i tuoi desideri quando esprimi che vuoi essere solo, oppure non rispettare la tua necessità di comunicazione aperta e onesta.

**Comunicazione Negativa o Distruttiva**: La comunicazione in una relazione tossica può essere piena di critiche, sarcasmo, umiliazioni o anche aggressività verbale. Se le discussioni tendono più spesso a sminuire piuttosto che a costruire, questo può essere un indicativo di tossicità.

**Manipolazione Emotiva**: Un altro segno di relazione tossica è la manipolazione emotiva, che può includere colpevolizzazione, vittimizzazione o ricatto emotivo. Ad esempio, un partner può insistere che "se mi amassi veramente, faresti questo" come modo per forzarti a compiere azioni contro la tua volontà.

**Isolamento**: Tentativi da parte del partner di isolarti dagli amici, dalla famiglia o da altre reti di supporto sono estremamente preoccupanti. L'isolamento è una tattica usata per aumentare la tua dipendenza da loro, riducendo la tua capacità di cercare aiuto o consiglio esterno.

**Cicli di Buonumore e Malumore**: Un ciclo costante di comportamenti in cui un partner alterna tra essere estremamente gentile e poi incredibilmente crudele può essere un segno di una dinamica tossica. Questo modello può creare una dinamica di dipendenza emotiva e confusione, rendendo difficile mantenere una percezione chiara della realtà della relazione.

**Sensazione di Paura o Camminare sulle Uova**: Sentirsi costantemente ansiosi o paura di come il partner reagirà può indicare che la relazione non è salutare. Sentirsi come se si dovesse "camminare sulle uova" per evitare conflitti o rabbia è un chiaro segnale che l'ambiente relazionale non è sicuro né supportivo.

**Strategie per Affrontare Relazioni Tossiche**

- **Rafforzare il Proprio Supporto Sociale**: Mantenere e coltivare altre relazioni amichevoli e di supporto può fornire la forza e la prospettiva necessarie per valutare e affrontare la situazione.
- **Cercare Consulenza Professionale**: A volte, parlare con un terapeuta o un consulente può offrire un'importante guida e supporto, soprattutto se stai considerando lasciare una relazione tossica.
- **Educarsi sulle Dinamiche Tossiche**: Capire le caratteristiche delle relazioni tossiche può aiutarti a identificarle e a prendere decisioni informate sulle tue azioni.

Riconoscere questi segnali e prendere provvedimenti può proteggerti da ulteriori danni emotivi e promuovere relazioni più sane e reciproche.

# Capitolo 8: La forza del gruppo: il supporto di una comunità

La terapia individuale rappresenta uno strumento fondamentale nel percorso di crescita e guarigione personale, specialmente per chi affronta questioni come la dipendenza affettiva. Lavorare uno-a-uno con un terapeuta può offrire molti benefici, da una maggiore comprensione di sé a strategie efficaci per affrontare le sfide personali. Ecco una panoramica dei vantaggi della terapia individuale e alcuni consigli su come scegliere il terapeuta giusto.

**Personalizzazione del Trattamento**: Uno dei principali vantaggi della terapia individuale è la possibilità di personalizzare l'approccio terapeutico alle specifiche esigenze della persona. Il terapeuta può adattare le tecniche e gli interventi in base agli obiettivi e alle problematiche uniche del cliente, fornendo un supporto su misura che spesso risulta più efficace.

**Ambiente Sicuro e Confidenziale**: La terapia individuale offre un ambiente sicuro e privato dove esprimere pensieri e sentimenti senza paura del giudizio. Questo spazio confidenziale permette di esplorare problemi sensibili e profondi che potrebbero essere difficili da condividere in altri contesti.

**Concentrazione su Problemi Profondi**: Grazie alla natura uno-a-uno della relazione terapeutica, è possibile approfondire tematiche complesse come l'autostima, le dinamiche relazionali o le origini della dipendenza affettiva. Questo livello di attenzione personalizzata può accelerare il processo di comprensione e di guarigione.

**Sviluppo di Strategie e Competenze**: La terapia individuale non solo aiuta a comprendere meglio sé stessi e le proprie dinamiche emotive, ma offre anche strumenti pratici e strategie per gestire lo stress, migliorare le relazioni e affrontare la vita quotidiana con maggiore efficacia.

**Supporto Continuo**: Avere un terapeuta significa disporre di un sostegno professionale continuativo nel tempo, particolarmente utile in momenti di crisi o di cambiamento. Questa presenza costante può fare una grande differenza nella stabilità emotiva e nella resilienza.

### Scegliere il Terapeuta Giusto

**Qualifiche e Specializzazione**: Assicurati che il terapeuta sia qualificato e abbia le credenziali appropriate. È inoltre importante che sia specializzato nelle aree che riguardano le tue specifiche necessità, come la dipendenza affettiva, l'ansia, la depressione o altre questioni relazionali.

**Approccio Terapeutico**: I terapeuti utilizzano diversi approcci, come la terapia cognitivo-comportamentale, la psicoterapia psicodinamica, la terapia sistemica familiare, ecc. Ricerca quale approccio potrebbe essere più adatto per te e discuti con il terapeuta se il suo stile di lavoro è in linea con le tue aspettative e bisogni.

**Rapporto Terapeutico**: La relazione tra te e il tuo terapeuta è cruciale per il successo della terapia. Durante le prime sedute, valuta se ti senti a tuo agio, ascoltato e compreso. Un buon terapeuta dovrebbe farti sentire valorizzato e rispettato, senza giudizio.

**Feedback e Referenze**: A volte può essere utile leggere recensioni o chiedere referenze prima di scegliere un terapeuta. Anche se la privacy è garantita, sapere che altri hanno avuto esperienze positive può aiutarti a fare una scelta informata.

**Logistica**: Considera anche la logistica come la posizione dello studio del terapeuta, la disponibilità di appuntamenti e il costo delle sedute. Questi fattori pratici possono influenzare la tua capacità di impegnarti regolarmente nella terapia.

I gruppi di supporto possono essere un'importante risorsa per chiunque affronti questioni di dipendenza affettiva o altre sfide emotive. Forniscono un ambiente dove le persone possono condividere esperienze e sentimenti in uno spazio sicuro, supportato dalla guida e dall'empatia di altri che affrontano problemi simili. Questi gruppi offrono comfort, consigli pratici e un senso di comunità che può essere vitale nel percorso di guarigione.

**Gruppi Specifici per Tema**: Esistono gruppi di supporto per una vasta gamma di questioni specifiche, inclusi quelli focalizzati sulla dipendenza affettiva, il lutto, la depressione, l'ansia, o problemi di relazione. Questi gruppi possono essere particolarmente utili perché affrontano tematiche condivise dai partecipanti, fornendo un terreno comune e soluzioni specifiche.

**Gruppi di Auto-Aiuto**: Questi gruppi sono tipicamente auto-organizzati e gestiti dai membri stessi, che si sostengono a vicenda senza la supervisione formale di un professionista. La condivisione delle proprie esperienze e soluzioni può essere molto empatica e incoraggiante.

**Gruppi Terapeutici Condotti da Professionisti**: Alcuni gruppi di supporto sono guidati da terapeuti o altri professionisti della salute mentale. Questi gruppi non solo forniscono supporto peer-to-peer, ma includono anche interventi terapeutici e strategie di gestione guidate da un esperto.

**Gruppi Online**: Con l'ascesa della tecnologia digitale, molti gruppi di supporto operano online, offrendo forum, chat di gruppo e incontri video che possono essere accessibili da casa. Questi gruppi possono essere particolarmente utili per chi vive in aree remote o per chi ha limitazioni di mobilità o orari complicati.

**Come Trovare un Gruppo di Supporto Adatto**

**Identifica le Tue Necessità**: Prima di cercare un gruppo di supporto, è importante riflettere su cosa spero di ottenere dal partecipare. Questo può aiutare a guidare la tua ricerca verso un gruppo che meglio si allinea ai tuoi bisogni emotivi e alle tue circostanze di vita.

**Ricerca Locale e Online**: Puoi iniziare la tua ricerca consultando risorse locali come ospedali, cliniche di salute mentale, chiese o centri comunitari che spesso ospitano o sponsorizzano gruppi di supporto. Allo stesso modo, una ricerca online può rivelare molte opzioni, inclusi gruppi che si incontrano virtualmente.

**Chiedi Raccomandazioni**: Parlare con un terapeuta, un consulente o addirittura con il medico può fornire indicazioni su gruppi di supporto affidabili. Anche amici o familiari possono avere suggerimenti basati sulle loro esperienze o conoscenze.

**Partecipa a Sessioni di Prova**: Molti gruppi permettono ai potenziali membri di partecipare a una o più sessioni di prova prima di impegnarsi. Questo può essere un ottimo modo per valutare se l'ambiente e lo stile del gruppo sono adatti alle tue esigenze.

**Valuta la Compatibilità**: Dopo aver partecipato a qualche sessione, rifletti su come ti senti. Sei a tuo agio con il formato del gruppo? Gli altri membri e il facilitatore sembrano comprendere e rispettare le tue esperienze? Ti senti sicuro e supportato?

Unirsi a un gruppo di supporto può essere un passo significativo verso la guarigione e il benessere. Fornisce non solo sostegno pratico e strategie, ma anche il conforto di sapere che non sei solo nella tua lotta.

Le comunità online possono essere risorse preziose per coloro che affrontano la dipendenza affettiva, offrendo accesso a supporto, informazioni e condivisione di esperienze senza i limiti geografici delle comunità tradizionali. Queste piattaforme online permettono agli individui di trovare gruppi di persone che affrontano sfide simili, facilitando uno scambio di sostegno e consigli che può essere cruciale nel percorso di guarigione. Di seguito, esploreremo come le risorse online possono essere utilizzate efficacemente.

**Forum e Gruppi di Discussione**: Molti siti web e piattaforme sociali offrono forum dove gli utenti possono postare domande, condividere storie personali e ottenere consigli su come gestire la dipendenza affettiva. Questi forum possono essere specifici per argomento, come la dipendenza affettiva, o più generali riguardo la salute mentale. La partecipazione a discussioni può aiutare a ridurre il senso di isolamento e aumentare la comprensione che altre persone stanno vivendo sfide simili.

**Blog e Articoli**: Numerosi siti dedicati alla salute mentale pubblicano regolarmente blog e articoli scritti da professionisti del settore o da individui che hanno sperimentato personalmente la dipendenza affettiva. Questi contenuti possono offrire insight preziosi e strategie pratiche che possono essere applicate nella vita quotidiana. Inoltre, leggere su esperienze altrui può fornire speranza e ispirazione.

**Webinar e Workshop Online**: Alcuni siti e organizzazioni offrono webinar o workshop virtuali che possono essere seguiti comodamente da casa. Questi eventi sono spesso guidati da esperti e possono coprire una vasta gamma di argomenti, inclusi modi per sviluppare autonomia emotiva, tecniche per migliorare le relazioni e strategie per gestire lo stress e l'ansia.

**App di Supporto**: Sono disponibili diverse applicazioni mobili progettate per aiutare gli individui a gestire la dipendenza affettiva. Queste app possono includere funzionalità come promemoria giornalieri per praticare la mindfulness, diari emotivi, tracciatori dell'umore e moduli di auto-aiuto basati su evidenze scientifiche. Utilizzare queste app può aiutare a mantenere la consapevolezza delle proprie emozioni e comportamenti in modo continuativo.

**Reti di Supporto Peer-to-Peer**: Alcune piattaforme online offrono la possibilità di connettersi con un "buddy" o un mentor, che può offrire supporto personale e guidato. Questi rapporti possono fornire un senso di comprensione reciproca e un impegno personale che è spesso molto efficace.

**Video e Podcast**: I contenuti multimediali, come video educativi e podcast, possono offrire modi accessibili e coinvolgenti per imparare di più sulla dipendenza affettiva e su come gestirla. Molti di questi contenuti sono creati in modo da essere facilmente digeribili e possono essere ascoltati o guardati durante la quotidianità, come nei tragitti casa-lavoro.

Quando si cerca supporto online, è fondamentale valutare la credibilità delle fonti. Controlla le qualifiche degli autori, preferisci siti che sono riconosciuti come affidabili da professionisti della salute mentale, e verifica se le informazioni sono basate su ricerca. Inoltre, leggi recensioni e commenti per valutare l'efficacia di forum, app e altri strumenti.

Le comunità e le risorse online offrono un'opportunità unica per trovare supporto e informazioni, rendendole strumenti indispensabili per chi affronta la dipendenza affettiva.

Il coinvolgimento in attività sociali e di gruppo rappresenta un'importante strategia per chiunque cerchi di superare la dipendenza affettiva e desideri ampliare il proprio network sociale. Partecipare regolarmente a eventi e iniziative di gruppo può avere molteplici benefici, tra cui il miglioramento della salute mentale, l'incremento del senso di appartenenza e l'opportunità di sviluppare nuove amicizie e legami significativi. Di seguito, alcuni modi efficaci per incoraggiare a immergersi in attività sociali che possono arricchire la vita.

**Esplora Club o Gruppi di Interesse Locale**: Molti comuni e città offrono una varietà di club o gruppi che si riuniscono attorno a interessi comuni come sport, hobby come fotografia, pittura o escursionismo, gruppi di lettura, o corsi di cucina. Unirsi a questi gruppi non solo permette di praticare un'attività piacevole, ma offre anche l'opportunità di incontrare persone che condividono passioni simili, facilitando la creazione di nuovi legami.

**Partecipa a Eventi Comunitari**: Gli eventi comunitari come festival, mercati degli agricoltori, conferenze, e seminari sono occasioni eccellenti per socializzare in un ambiente rilassato e aperto. Partecipare a questi eventi può aiutare a sentirsi parte di una comunità e a stabilire connessioni in modi che possono essere meno intimidatori rispetto ad altri ambienti sociali.

**Volontariato**: Fare volontariato per cause in cui credi o che trovi stimolanti può essere un modo incredibilmente gratificante per connettersi con gli altri. Che si tratti di aiutare in un rifugio per animali, lavorare in una cucina da campo, o partecipare a programmi di alfabetizzazione, il volontariato mette in contatto con persone che hanno valori simili e che spesso possono diventare amici stretti.

**Corsi di Fitness di Gruppo**: Le classi di yoga, pilates, danza o altre attività fisiche di gruppo sono non solo un ottimo modo per tenersi in forma, ma anche opportunità per incontrare regolarmente le stesse persone e costruire rapporti. L'ambiente di supporto che spesso caratterizza queste classi rende più facile aprire conversazioni e condividere esperienze personali.

**Gruppi di Supporto**: Per chi affronta specifiche sfide come la dipendenza affettiva, partecipare a gruppi di supporto può offrire un doppio beneficio: il supporto emotivo e la socializzazione. Questi gruppi forniscono uno spazio sicuro per discutere delle proprie esperienze e ascoltare quelle degli altri, promuovendo la comprensione e l'empatia tra i membri.

**Lezioni ed Educazione Continua**: Iscriversi a corsi serali o workshop in ambiti di interesse come arte, scrittura, o tecnologia può aprire nuove porte per l'apprendimento e la socializzazione. Queste classi non solo stimolano la mente, ma possono anche essere una fonte di compagnia e di nuove amicizie.

**Utilizza le Piattaforme Online**: Siti web come Meetup.com possono essere risorse utili per trovare gruppi locali che condividono interessi specifici. Queste piattaforme facilitano la partecipazione a incontri e attività, rendendo più semplice l'ingresso in nuove cerchie sociali.

Coinvolgersi in attività di gruppo può quindi rappresentare un passo vitale nel percorso verso il recupero dalla dipendenza affettiva e la costruzione di una vita sociale più ricca e soddisfacente.

Il ruolo della famiglia nel percorso di guarigione da qualsiasi tipo di dipendenza, inclusa la dipendenza affettiva, è fondamentale. Il supporto familiare può fornire una base solida di amore, comprensione e sicurezza, elementi essenziali per chi lotta contro le dinamiche di dipendenza. Un ambiente familiare supportivo può significativamente influenzare il processo di recupero, offrendo conforto e stabilità in un momento di vulnerabilità.

Uno degli aspetti più critici del supporto familiare è il sostegno emotivo. La famiglia può fornire un'oasi di conforto emotivo, dove l'individuo può sentirsi libero di esprimere sentimenti e preoccupazioni senza timore di giudizio. La capacità di parlare apertamente dei propri problemi e delle proprie emozioni può alleviare lo stress e promuovere la guarigione. Inoltre, la famiglia può riconoscere segni di stress o di regresso che forse l'individuo fatica a vedere, offrendo un intervento tempestivo e supporto.

Le famiglie possono anche aiutare a fornire una struttura e una routine quotidiana, elementi che sono spesso cruciali per chi si sta riprendendo da una dipendenza affettiva. Avere una routine regolare aiuta a ridurre l'incertezza e a stabilizzare l'ambiente domestico, rendendo più facile per l'individuo resistere a vecchi schemi di comportamento e costruire nuove abitudini più sane.

Oltre al supporto emotivo, le famiglie possono offrire aiuto pratico. Questo può includere assistenza nelle attività quotidiane, supporto nell'organizzazione degli impegni terapeutici o semplicemente la presenza fisica in casa come compagnia e come promemoria dei progressi fatti e degli obiettivi ancora da raggiungere. Il supporto pratico può anche estendersi a partecipare insieme a sessioni di terapia familiare, dove tutti i membri imparano strategie per migliorare la dinamica familiare e supportare meglio il membro in guarigione.

La dipendenza affettiva può influenzare tutti i membri della famiglia, non solo chi ne soffre direttamente. Partecipare a terapie familiari o workshop può essere un modo efficace per tutta la famiglia di imparare di più sulla dipendenza affettiva e su come gestire al meglio le dinamiche correlate. Questo tipo di apprendimento congiunto può non solo migliorare la comprensione e la tolleranza all'interno della famiglia, ma anche equipaggiare tutti i membri con gli strumenti necessari per supportare efficacemente il processo di guarigione.

La strada verso la guarigione può essere lunga e piena di sfide. Avere il sostegno della famiglia significa non dover affrontare queste sfide da soli. La famiglia può fungere da rete di sicurezza, offrendo incoraggiamento nei momenti di dubbio e celebrando i successi, grandi e piccoli, lungo il cammino.

In conclusione, il supporto familiare gioca un ruolo cruciale nel percorso di guarigione dalla dipendenza affettiva. Fornisce amore, stabilità, comprensione e risorse pratiche, tutti elementi che possono profondamente influenzare il successo del recupero.

Costruire e mantenere una rete di amicizie sane e durature è fondamentale per chiunque, specialmente per coloro che stanno lavorando sulla propria autonomia emotiva e superando la dipendenza affettiva. Le amicizie giocano un ruolo cruciale nel fornire supporto, arricchire la nostra vita sociale, e offrire una prospettiva esterna che può aiutare a mitigare i sentimenti di solitudine e isolamento. Ecco alcuni consigli per creare e mantenere legami amichevoli sani e duraturi.

Il primo passo per costruire amicizie autentiche è essere genuino. Mostrati come sei realmente, con i tuoi punti di forza e le tue vulnerabilità. Le amicizie costruite su fondamenta di sincerità sono più propense a essere profonde e durature. Essere autentici invita gli altri a fare lo stesso, creando un terreno fertile per relazioni significative.

Una comunicazione efficace è la chiave di ogni relazione sana. Assicurati di esprimere i tuoi pensieri e sentimenti in modo chiaro e rispettoso. Ascolta attivamente quando gli altri parlano, e mostra interesse per le loro esperienze e opinioni. La comunicazione aperta contribuisce a prevenire malintesi e a costruire un rispetto reciproco.

È importante mostrare agli amici che li apprezzi. Piccoli gesti di gentilezza e parole di gratitudine possono fare molto per rafforzare un'amicizia. Celebrare i successi degli amici e supportarli nei momenti difficili sono modi efficaci per dimostrare che ti importa.

Essere un buon ascoltatore è tanto importante quanto essere un buon comunicatore. Ascoltare con attenzione mostra che rispetti i pensieri e i sentimenti dei tuoi amici. Questo non solo aiuta gli amici a sentirsi valutati, ma approfondisce anche la tua comprensione delle loro personalità e bisogni.

Le relazioni richiedono tempo e energia per crescere. Dedica del tempo regolarmente per incontrare gli amici, che sia di persona o virtualmente. Partecipare a attività insieme, come hobby condivisi o interessi comuni, può rafforzare il legame e creare ricordi condivisi.

Ogni persona ha i propri limiti e confini, e rispettarli è cruciale per mantenere amicizie sane. Assicurati di comprendere e rispettare i confini personali e emotivi dei tuoi amici, e comunica chiaramente i tuoi. Il rispetto reciproco dei confini contribuisce a mantenere l'armonia e a prevenire conflitti.

Le incomprensioni e i disaccordi sono normali in qualsiasi relazione. Quando emergono conflitti, affrontali in modo aperto e costruttivo. Evita l'accumulo di rancore parlando apertamente dei problemi e lavorando insieme per trovare soluzioni accettabili per entrambi.

Incoraggia e supporta la crescita personale sia tua che dei tuoi amici. Celebrare le vittorie e offrire supporto nei momenti di sfida sono fondamentali. Amicizie che promuovono la crescita personale reciproca tendono a essere particolarmente ricche e soddisfacenti.

Seguendo questi consigli, è possibile costruire una rete di amicizie che non solo arricchiscono la vita, ma forniscono anche un supporto vitale nel percorso verso la guarigione e l'autonomia emotiva.

# Capitolo 9: Prevenire le ricadute: come mantenere i progressi nel tempo

Identificare i fattori di rischio che possono innescare una ricaduta è essenziale per chiunque stia lavorando per superare la dipendenza affettiva e mantenere i progressi nel tempo. Una ricaduta può essere innescata da specifiche situazioni sociali, stress emotivo, o persone che riaccendono vecchi schemi comportamentali. Riconoscere e comprendere questi fattori di rischio può aiutare a prevenire una ricaduta e a consolidare le conquiste ottenute nel percorso di guarigione. Ecco come individuare e gestire questi trigger.

Molte volte, le relazioni interpersonali possono fungere da catalizzatori per comportamenti non salutari legati alla dipendenza affettiva. È importante analizzare le proprie relazioni attuali e passate per identificare eventuali dinamiche

che potrebbero risvegliare vecchi schemi. Questo include relazioni romantiche, amicizie e legami familiari. Individuare le relazioni che causano stress e ansietà eccessivi può indicare dove potrebbero nascondersi i trigger.

Le emozioni sono potenti induttori di comportamento e possono rapidamente portare a ricadute se non gestite correttamente. Identifica quali emozioni tendono a precedere i pensieri o i comportamenti legati alla dipendenza affettiva. Questo potrebbe essere stress, solitudine, rifiuto, o tristezza. Imparare a riconoscere e gestire queste emozioni attraverso tecniche come la mindfulness, la meditazione o il counseling può ridurre significativamente il rischio di ricaduta.

Gli ambienti specifici o le situazioni sociali possono anche innescare una ricaduta. Ad esempio, partecipare a eventi o luoghi frequentati con ex partner tossici o in periodi di alta dipendenza emotiva può riattivare vecchi schemi. È cruciale essere consapevoli di questi trigger ambientali e evitare situazioni che si sa che possono essere difficili da gestire.

I cambiamenti significativi nella vita, come un trasloco, un nuovo lavoro, o una perdita, possono incrementare il rischio di ricaduta nella dipendenza affettiva. Durante questi periodi, è importante rafforzare le strategie di coping, magari aumentando le sessioni di terapia o ricercando supporto aggiuntivo da amici fidati o gruppi di supporto.

Sta attento a nuovi comportamenti che potrebbero sembrare innocui ma che in realtà servono come compensazioni per la dipendenza affettiva. Questo può includere un'eccessiva dipendenza dal lavoro, dall'esercizio fisico, o persino da nuove relazioni che sembrano sane ma che sono in realtà sbilanciate. Questi comportamenti possono nascondere le stesse dinamiche emotive della dipendenza originaria.

Una volta identificati i fattori di rischio, è importante implementare strategie per gestirli efficacemente:

- **Pianificazione Proattiva**: Se sai che sarai in una situazione potenzialmente innescante, pianifica in anticipo come gestirai le tue emozioni e quali tecniche di coping userai.
- **Rete di Supporto**: Mantieni una rete di supporto attiva, includendo amici, familiari, terapisti o membri di gruppi di supporto a cui puoi rivolgerti quando senti che i fattori di rischio potrebbero diventare soverchianti.
- **Monitoraggio Continuo**: Tieni un diario delle tue emozioni e delle situazioni per aiutarti a riconoscere i pattern e a essere consapevole di eventuali segnali di allarme precoci di una ricaduta.

Comprendere e gestire i fattori di rischio per la ricaduta è un aspetto critico del mantenimento dei progressi a lungo termine nella lotta contro la dipendenza affettiva.

Sviluppare un piano di emergenza è un passo cruciale per chiunque affronti il percorso di guarigione dalla dipendenza affettiva, in quanto prepara la persona a gestire situazioni di crisi in modo efficace e premeditato. Un piano di emergenza ben strutturato aiuta a prevenire le ricadute e a gestire le emozioni intense o le situazioni stressanti che possono verificarsi. Ecco come creare un piano d'azione solido da seguire in caso di crisi.

Il primo passo nel creare un piano di emergenza è riconoscere i segnali di allarme che indicano l'avvicinarsi di una crisi. Questi possono includere aumenti di ansia, sentimenti di isolamento, pensieri ossessivi su una persona o una relazione, o altri cambiamenti comportamentali. Annota questi segnali e assicurati di poterli riconoscere prontamente.

Una volta che riconosci i segnali di una crisi imminente, devi avere una lista di azioni immediate da intraprendere. Questo potrebbe includere tecniche di respirazione profonda, meditazione, una passeggiata, o chiamare un amico fidato. Queste attività dovrebbero essere atte a calmare la mente e a ridurre l'ansia, fornendo un primo intervento per impedire l'escalation della situazione.

Avere una lista di contatti a cui rivolgersi in momenti di crisi è essenziale. Questo elenco può includere amici fidati, familiari, un terapeuta o membri di gruppi di supporto. Assicurati che queste persone siano disponibili e disposte ad aiutarti quando ne hai bisogno. Spiega loro in anticipo come possono aiutarti in una situazione di crisi.

Se possibile, organizza il tuo spazio di vita o di lavoro in modo che sia un ambiente calmo e rassicurante. Ciò può significare avere oggetti che inducono al rilassamento, come candele profumate, coperte confortevoli, o fotografie di momenti felici. Avere un ambiente "sicuro" può fare una grande differenza nel modo in cui gestisci lo stress e l'ansia.

Scrivi il tuo piano di emergenza e tienilo in un luogo facilmente accessibile. Potresti voler avere una copia nel tuo telefono e una in casa. Assicurati che le persone nel tuo network di supporto sappiano dove trovare il tuo piano e cosa fare in caso tu abbia bisogno di aiuto.

Come parte del tuo processo di guarigione, rivedi e aggiorna regolarmente il tuo piano di emergenza. Man mano che cresci e cambi, potresti trovare nuove strategie che funzionano meglio per te o potresti non aver più bisogno di alcune tattiche precedentemente efficaci.

Periodicamente, prova a eseguire una simulazione di crisi per esercitarti ad attuare il tuo piano. Questo può aiutare a rendere le tue reazioni più veloci e automatiche in situazioni reali di stress, riducendo la possibilità di una ricaduta.

Creare un piano di emergenza robusto è un passo proattivo importante per chiunque stia lavorando per superare la dipendenza affettiva. Offre una sensazione di controllo e preparazione, che può essere enormemente rassicurante in tempi di incertezza.

Celebrare i propri successi è un aspetto fondamentale del processo di guarigione da qualsiasi tipo di dipendenza affettiva o difficoltà emotiva. Riconoscere e festeggiare ogni progresso, grande o piccolo, non solo rafforza l'autostima, ma rinnova anche la motivazione e sottolinea l'importanza di ogni passo fatto verso una vita più equilibrata e soddisfacente.

Il primo passo per celebrare i successi è riconoscerli. Spesso, tendiamo a concentrarci su ciò che non è stato fatto o sugli obiettivi ancora da raggiungere, trascurando di apprezzare i passi compiuti. È importante prendersi il tempo per riflettere sulle proprie conquiste. Questo può includere il superamento di una giornata particolarmente difficile senza ricadere in vecchi schemi, o il successo nel mantenere un confine importante in una relazione.

Ogni persona ha un proprio percorso unico, pertanto è cruciale stabilire indicatori di successo personalizzati. Ciò che conta come successo per una persona può non essere lo stesso per un'altra. Definire ciò che il successo significa personalmente aiuta a riconoscere quando si verificano questi momenti e fornisce una misura più accurata del progresso.

Sviluppare rituali o tradizioni personali per celebrare i successi può rendere questi momenti ancora più speciali. Questo potrebbe essere qualcosa di semplice come scrivere i successi in un diario, condividere una cena speciale con un amico, o regalarsi qualcosa di piccolo ma significativo. Questi atti di celebrazione rinforzano positivamente il comportamento e motivano ulteriori progressi.

Condividere i propri successi con amici, familiari o un gruppo di supporto può amplificare il senso di realizzazione. Ricevere riconoscimento e supporto da altri non solo rafforza il senso di successo, ma può anche ispirare e motivare gli altri nella loro lotta.

Implementare il rinforzo positivo è un modo efficace per celebrare i successi. Questo potrebbe significare premiarsi con esperienze piacevoli dopo aver raggiunto un certo obiettivo. Il rinforzo positivo non solo fa sentire bene, ma consolida anche i comportamenti che hanno portato al successo.

Programmare revisioni periodiche dei propri progressi può aiutare a mantenere una prospettiva chiara sul proprio viaggio di guarigione. Durante queste revisioni, celebra dove sei stato e dove sei ora, riconoscendo l'importanza di ogni piccolo passo lungo il cammino.

È importante ricordare che la guarigione è un processo e che ci saranno inevitabilmente alti e bassi. Essere pazienti e gentili con sé stessi, celebrando i progressi invece di punirsi per gli insuccessi, è essenziale per mantenere la salute mentale e l'equilibrio emotivo.

Celebrare i propri successi è quindi un'attività vitale che rafforza la resilienza, promuove una visione positiva di sé e aiuta a mantenere l'entusiasmo e la determinazione nel lungo percorso di guarigione.

Continuare a lavorare su sé stessi è un principio fondamentale per chiunque sia impegnato in un percorso di guarigione e crescita personale, specialmente per coloro che affrontano sfide come la dipendenza affettiva. Il miglioramento personale è un processo continuo che richiede impegno, dedizione e una costante riflessione su sé stessi. Ecco perché è essenziale mantenere un impegno costante in questo percorso.

La crescita personale non è un traguardo da raggiungere, ma un processo continuo. Non esiste un punto finale in cui una persona può dire di aver completato completamente il proprio sviluppo. Riconoscere che ci sarà sempre spazio per imparare e migliorare può aiutare a mantenere una prospettiva umile e aperta, essenziale per il vero progresso personale.

Man mano che si evolve, anche le sfide possono cambiare. Quello che una volta era difficile può diventare più gestibile, mentre nuovi ostacoli possono presentarsi. Mantenere un impegno attivo nel lavorare su sé stessi permette di identificare e affrontare queste nuove sfide in modo efficace, assicurando che il processo di crescita continui in modo sano.

Parte del lavoro continuo su sé stessi include lo sviluppo di nuove competenze e l'esplorazione di nuovi interessi. Questo non solo arricchisce la vita, ma può anche offrire nuove vie per la gestione dello stress, una maggiore autostima e nuove opportunità sociali. Ogni nuova abilità appresa o interesse coltivato può aprire porte a esperienze che rafforzano ulteriormente la resilienza personale.

Le strategie di coping che sono state efficaci all'inizio del percorso di guarigione potrebbero aver bisogno di essere adattate o aggiornate nel tempo. Continuare a lavorare su sé stessi significa anche rivedere e rafforzare queste tecniche per assicurarsi che rimangano efficaci e pertinenti alle attuali circostanze di vita.

La crescita personale non avviene in isolamento. Mantenere e coltivare relazioni che supportano questo percorso è vitale. Ciò include rafforzare legami con amici e familiari, partecipare a gruppi di supporto o persino cercare mentor che possono offrire guida e ispirazione.

Dedicare tempo regolarmente alla riflessione personale può aiutare a mantenere chiarezza sui propri progressi e obiettivi. Questo può includere la meditazione, la scrittura di un diario o sessioni di terapia. La riflessione consapevole aiuta a riconoscere i propri successi e le aree che necessitano di ulteriore lavoro.

Parte del lavoro continuo su sé stessi include l'essere aperti al feedback degli altri. Questo può fornire preziose prospettive esterne che potrebbero non essere evidenti dal punto di vista interno. Imparare ad accettare e integrare costruttivamente il feedback può accelerare la crescita personale.

Il processo di lavorare costantemente su sé stessi richiede dedizione, ma è incredibilmente gratificante. Aiuta non solo a superare la dipendenza affettiva, ma anche a costruire una vita più piena e soddisfacente.

Il percorso verso la guarigione da una dipendenza affettiva è un viaggio complesso e sfaccettato che richiede tempo, pazienza e una grande dose di gentilezza verso sé stessi. È essenziale riconoscere che la guarigione non segue una traiettoria lineare; ci saranno progressi, insieme a inevitabili contraccolpi e periodi di stallo. Essere pazienti e gentili con sé stessi durante questo processo non solo è cruciale per il recupero ma può anche trasformare l'esperienza di guarigione in un percorso di crescita personale più profondo e significativo.

La guarigione dalla dipendenza affettiva richiede di accettare che il percorso non sarà sempre diretto o prevedibile. Ci saranno momenti di grande intuizione e progresso, ma anche momenti di frustrazione e dubbio. Riconoscere e accettare questa non linearità aiuta a ridurre l'ansia e la pressione che si possono sentire nel voler raggiungere rapidamente i risultati. È fondamentale comprendere che ogni passo, indipendentemente dalla direzione, è parte integrante del processo di apprendimento e crescita.

Spesso, si tende a concentrarsi sugli obiettivi a lungo termine o sui grandi traguardi, trascurando di riconoscere i piccoli successi lungo il cammino. Celebrare le vittorie quotidiane, come resistere a un vecchio schema di comportamento o gestire una situazione stressante in modo più salutare, può fornire motivazione e costruire fiducia. Questi successi, anche se piccoli, sono prove concrete del cambiamento in atto.

L'autocompassione è vitale nel trattare con sé stessi con gentilezza e comprensione. Ciò significa trattarsi con la stessa cura e compassione che si offrirebbe a un buon amico. Quando si verificano momenti difficili o si commettono errori, è importante non cadere nell'autocritica severa. Invece, riconoscere l'umanità comune nel fare errori e nel provare dolore può aiutare a mantenere un atteggiamento di supporto e comprensione verso sé stessi.

La gestione dello stress è cruciale nel processo di guarigione. Tecniche come la meditazione, il yoga, l'esercizio fisico regolare, o semplicemente passare tempo nella natura, possono aiutare a mantenere la calma e a ridurre l'ansia. Trovare e praticare regolarmente attività che rilassano la mente e il corpo può migliorare significativamente la capacità di gestire gli stress della vita quotidiana.

A volte, essere pazienti e gentili con se stessi può significare riconoscere quando si ha bisogno di aiuto esterno. Lavorare con un terapeuta o partecipare a gruppi di supporto può offrire una guida preziosa e supporto emotivo. Questi professionisti possono aiutare a navigare i momenti difficili, offrendo strumenti e strategie per gestire i sentimenti e le situazioni problematiche.

Indipendentemente dai passi fatti nella guarigione, è essenziale ricordare il proprio valore intrinseco. La tua valenza non è definita dai tuoi progressi o dalle tue battute d'arresto nel percorso di guarigione. Ogni individuo merita rispetto e cura semplicemente per il fatto di essere.

Essere pazienti e gentili con sé stessi nel percorso di guarigione dalla dipendenza affettiva non solo facilita il recupero, ma è anche una pratica di vita che arricchisce la propria esistenza.

Creare un ambiente favorevole è essenziale per sostenere il benessere emotivo, specialmente per chi sta affrontando o recuperando da una dipendenza affettiva. L'ambiente in cui viviamo può avere un impatto profondo sul nostro umore, sui nostri pensieri e sulle nostre energie generali. Un ambiente che promuove pace, sicurezza e positività può fare una grande differenza nel facilitare un percorso di guarigione più efficace e sereno. Ecco alcuni consigli su come creare tale ambiente.

Un ambiente disordinato può contribuire a sentimenti di ansia e caos. Fare ordine riducendo il disordine può aiutare a calmare la mente e a creare uno spazio più rilassante. Dedicare tempo a organizzare la casa, eliminare ciò che non è necessario e mantenere ordinati gli spazi di vita quotidiana può promuovere un senso di controllo e tranquillità.

La natura ha un effetto intrinsecamente calmante sulla mente umana. Incorporare elementi naturali nell'ambiente domestico, come piante, fiori o anche solo una disposizione di elementi naturali come pietre o conchiglie, può aiutare a ridurre lo stress. Anche la luce naturale gioca un ruolo importante: assicurati che la tua abitazione sia ben illuminata con luce naturale, quando possibile.

I colori hanno un forte impatto sul nostro umore. Colori come il blu, il verde e il grigio chiaro sono noti per i loro effetti calmanti. Dipingere le pareti di casa o scegliere arredamenti e decorazioni in questi colori può contribuire a creare un ambiente rilassante che supporti il benessere emotivo.

Dedicare spazi specifici della casa al relax può essere molto benefico. Questo può includere un angolo lettura, uno spazio meditativo con cuscini e candele, o una piccola palestra o area yoga. Avere un posto dedicato al rilassamento o all'attività fisica può incoraggiare abitudini quotidiane che promuovono la salute mentale.

Il rumore può essere una fonte significativa di stress. Se vivi in un'area particolarmente rumorosa, considera l'uso di tende acustiche, tappeti e altri materiali che possono aiutare a ridurre il rumore. In alternativa, suoni rilassanti come quelli di una fontana o registrazioni di suoni della natura possono mascherare i rumori disturbanti e migliorare la qualità dell'ambiente.

Gli odori possono influenzare direttamente il nostro umore. L'uso di aromaterapia, attraverso diffusori di oli essenziali come la lavanda o il sandalo, può avere effetti calmanti e migliorare la qualità dell'aria. Questi profumi non solo aiutano a rilassare la mente, ma possono anche evocare ricordi piacevoli e promuovere sensazioni di felicità.

Mantenere l'ambiente pulito e ben curato è importante non solo per l'igiene ma anche per il benessere emotivo. Creare una routine regolare di pulizia può contribuire a mantenere l'ambiente sempre piacevole e confortevole.

Infine, personalizzare il proprio spazio con oggetti che evocano felicità, come fotografie di momenti felici, opere d'arte che ispirano o cimeli personali, può rendere l'ambiente domestico un vero rifugio. Questi oggetti possono servire come promemoria delle passioni personali e delle gioie della vita, rafforzando un senso di appartenenza e identità personale.

Un ambiente curato e personalizzato non solo sostiene la guarigione e il benessere quotidiano, ma può anche diventare una fondamentale fonte di forza nei momenti difficili.

# Capitolo 10: Una nuova vita: verso la felicità e la realizzazione personale

Definire gli obiettivi a lungo termine è un passo cruciale per chiunque si avvicini a una nuova fase di vita, specialmente dopo aver affrontato e superato sfide personali come la dipendenza affettiva. Gli obiettivi non solo forniscono una direzione e uno scopo, ma possono anche servire come fonte di motivazione e struttura nel percorso verso la felicità e la realizzazione personale. Ecco come fare a identificare e definire efficacemente i propri obiettivi a lungo termine.

Il primo passo nel definire gli obiettivi a lungo termine è dedicare del tempo alla riflessione personale. Chiediti cosa significa veramente felicità e realizzazione per te. Considera quali aspetti della tua vita attuale ti piacciono e quali vorresti cambiare. Pensa alle passioni che hai trascurato o ai sogni che hai messo da parte. Questa fase di autoanalisi è fondamentale per stabilire obiettivi che siano veramente significativi e allineati con i tuoi valori e desideri personali.

Dopo aver riflettuto sulle tue aspirazioni generali, è utile scomporle in obiettivi più specifici e tangibili. Ad esempio, se il tuo obiettivo a lungo termine è avere una carriera soddisfacente, potresti iniziare identificando il campo specifico che ti interessa, poi stabilire i passi necessari per ottenere le qualifiche o le esperienze richieste. Questo processo di scomposizione rende l'obiettivo più gestibile e chiaro.

Non tutti gli obiettivi hanno la stessa importanza o urgenza. Determina quali obiettivi sono più importanti per la tua felicità e realizzazione personale e dà loro la priorità. Questo può aiutare a gestire meglio il tuo tempo e le tue risorse, concentrando la tua energia sugli obiettivi che hanno il maggiore impatto sulla tua vita.

Per assicurarti che i tuoi obiettivi siano realizzabili, rendili SMART: Specifici, Misurabili, Attuabili, Rilevanti e Temporizzati. Un obiettivo SMART fornisce una roadmap chiara verso il successo e ti permette di misurare i tuoi progressi lungo il percorso. Ad esempio, invece di "voglio essere più felice," un obiettivo SMART potrebbe essere "parteciperò a un'attività che mi piace, come un corso di pittura, una volta a settimana per i prossimi sei mesi."

Documentare i tuoi obiettivi può rendere l'intero processo più tangibile. Scrivi i tuoi obiettivi e le strategie per raggiungerli, e tienili in un posto dove puoi rivederli regolarmente. Questo non solo ti ricorda di mantenere il focus, ma ti permette anche di rivedere e aggiustare i tuoi obiettivi man mano che le tue circostanze o le tue priorità cambiano nel tempo.

Mentre lavori verso i tuoi obiettivi a lungo termine, cerca il supporto di amici, familiari o professionisti che possono offrire guida, motivazione e feedback. Avere una rete di supporto può fare una grande differenza nella tua capacità di superare gli ostacoli e mantenere la tua determinazione.

Definire e perseguire obiettivi a lungo termine richiede impegno, ma è anche un processo incredibilmente gratificante che può portare a una maggiore soddisfazione e realizzazione nella vita.

Creare un piano d'azione efficace è essenziale per trasformare gli obiettivi in realtà tangibili. Questo processo aiuta a strutturare il percorso verso il raggiungimento degli obiettivi, offrendo una guida chiara e passaggi concreti da seguire. Un piano d'azione ben definito non solo fornisce una roadmap dettagliata, ma aiuta anche a mantenere la motivazione e a monitorare i progressi nel tempo. Ecco come sviluppare un piano d'azione robusto per raggiungere gli obiettivi personali, specialmente nel contesto della guarigione dalla dipendenza affettiva.

Inizia definendo chiaramente gli obiettivi che desideri raggiungere. Usa il criterio degli obiettivi SMART (Specifici, Misurabili, Attuabili, Rilevanti, Temporizzati) per formulare obiettivi che non solo siano chiari, ma anche realistici e misurabili. Ad esempio, invece di "migliorare la salute," un obiettivo SMART potrebbe essere "camminare per 30 minuti al giorno, 5 giorni alla settimana, per i prossimi 3 mesi."

Dividi ogni obiettivo in compiti più piccoli e gestibili. Questo può aiutare a evitare la sensazione di sopraffazione e facilitare il progresso costante. Ad esempio, se il tuo obiettivo è imparare una nuova lingua, i compiti potrebbero includere iscriversi a un corso online, praticare per 20 minuti al giorno, o unirsi a un gruppo di conversazione settimanale.

Determina quali compiti sono più critici per il successo del tuo obiettivo e assegnagli una priorità. Ciò può dipendere da fattori come scadenze, l'impatto potenziale del compito sul tuo obiettivo generale, o risorse disponibili. Prioritizzare aiuta a focalizzare l'energia laddove è più necessaria e può fare la differenza più significativa.

Assegna scadenze realistiche per ogni compito. Le scadenze fungono da potenti motivatori e aiutano a mantenere il ritmo necessario per il progresso continuo verso il raggiungimento degli obiettivi. Assicurati che queste scadenze siano flessibili abbastanza da adattarsi a eventuali imprevisti senza causare stress aggiuntivo.

Stabilisci un metodo regolare per monitorare e valutare il tuo progresso. Questo può includere revisioni settimanali o mensili dei compiti completati e dell'efficacia delle strategie utilizzate. La valutazione regolare permette di apportare aggiustamenti tempestivi al tuo piano, garantendo che rimanga pertinente e efficace.

Considera quali risorse, sia fisiche che emotive, saranno necessarie per completare ogni compito. Questo può includere materiali, finanziamenti, supporto da amici o familiari, o assistenza professionale. Avere il supporto adeguato può essere un fattore decisivo nel successo del tuo piano.

Prevedi potenziali ostacoli e pianifica come superarli. Questo può includere la gestione di ritardi, la perdita di motivazione, o sfide impreviste. Avere strategie pronte per questi scenari può ridurre l'ansia e aumentare la tua resilienza nel perseguire gli obiettivi.

Infine, ricorda di celebrare i successi lungo il cammino. Riconoscere e festeggiare i traguardi raggiunti non solo aumenta la soddisfazione personale ma anche rafforza la motivazione a continuare nel tuo percorso.

Un piano d'azione dettagliato e ben strutturato è una componente vitale nel raggiungimento di qualsiasi obiettivo di vita, specialmente per chi sta cercando di superare una dipendenza affettiva e costruire una vita più felice e soddisfacente.

Abbracciare il cambiamento è una componente fondamentale nel percorso verso la guarigione e la crescita personale, specialmente per coloro che stanno superando la dipendenza affettiva. Il cambiamento può spesso sembrare intimidatorio o scomodo, ma accoglierlo come un'opportunità di crescita può trasformare la prospettiva e aprire nuove vie verso la felicità e la realizzazione personale.

Il primo passo per accettare il cambiamento è riconoscerne il valore intrinseco. Il cambiamento è inevitabile e fondamentale per qualsiasi processo di crescita. Può portare nuove opportunità, nuove esperienze e la possibilità di superare vecchie abitudini e schemi limitanti. Comprendere che il cambiamento può essere un potente motore di sviluppo personale può aiutare a diminuire la resistenza e ad aumentare l'accettazione.

Guardare indietro ai momenti in cui hai già affrontato cambiamenti può rivelarsi illuminante. Rifletti su come questi momenti abbiano portato a miglioramenti nella tua vita, anche se all'inizio potevano sembrare negativi o spaventosi. Questa riflessione può rafforzare la tua capacità di vedere i potenziali benefici nei futuri cambiamenti.

Una chiave per abbracciare il cambiamento è sviluppare una maggiore flessibilità emotiva. Questo significa essere aperti a esperire una gamma di emozioni senza lasciare che queste definiscano o limitino le tue azioni. L'allenamento alla resilienza emotiva ti permette di affrontare le incertezze con maggiore tranquillità e apertura.

Quando sei di fronte a grandi cambiamenti, può essere utile suddividerli in obiettivi più piccoli e gestibili. Questo non solo rende il processo meno opprimente, ma fornisce anche tappe concrete da celebrare lungo il percorso, il che può incrementare la fiducia nelle proprie capacità di gestire il cambiamento.

Abbracciare il cambiamento non significa dover affrontare tutto da soli. Ricerca supporto da amici, familiari o professionisti che possono offrire incoraggiamento e consigli. A volte, solo parlare delle proprie esperienze e preoccupazioni può alleggerire il carico emotivo e offrire nuove prospettive.

Prendere iniziativa e sperimentare attivamente con nuovi modi di pensare o nuove attività può aiutare a normalizzare e a demistificare il cambiamento. Ad esempio, provare un nuovo hobby o imparare una nuova abilità può rivelare quanto sia arricchente uscire dalla propria zona di comfort.

Coltivare un atteggiamento positivo nei confronti del cambiamento può fare una grande differenza. Anziché temere ciò che è sconosciuto, cerca di vedere il cambiamento come un'occasione per migliorare, imparare e crescere. Mantenere questa mentalità può trasformare il modo in cui percepisci e reagisci alle sfide.

Abbracciare il cambiamento come un'opportunità di crescita non solo facilita la transizione durante i momenti di cambiamento significativo, ma rafforza anche la capacità di navigare con successo le sfide della vita.

Esplorare nuove possibilità e uscire dalla propria zona di comfort sono passaggi fondamentali per chiunque desideri ampliare orizzonti personali e professionali, soprattutto per coloro che stanno lavorando sulla guarigione da una dipendenza affettiva. Provare nuove esperienze può rivelarsi incredibilmente liberatorio e arricchente, offrendo l'opportunità di scoprire passioni inaspettate, di costruire nuove competenze e di rafforzare la propria autostima.

Prima di iniziare a esplorare nuove possibilità, è importante identificare quali barriere o timori ti hanno impedito di fare esperienze diverse in passato. Questo può includere paura del fallimento, mancanza di fiducia, o semplicemente abitudine alla routine. Riconoscere queste barriere è il primo passo per poterle superare.

Non è necessario fare grandi salti fuori dalla propria zona di comfort per iniziare a sperimentare il nuovo. Inizia con piccoli passi che ti senti in grado di gestire. Ad esempio, se l'idea di socializzare più ampiamente ti sembra troppo, potresti iniziare partecipando a un evento locale o un workshop che rifletta i tuoi interessi.

Delineare obiettivi specifici può rendere l'esplorazione di nuove possibilità più gestibile e meno intimidatoria. Definisci cosa vorresti provare o imparare e stabilisci alcuni obiettivi chiari e raggiungibili che ti aiutino a concentrarti e a rimanere motivato.

Fai ricerca sulle risorse disponibili che possono supportare la tua esplorazione di nuove possibilità. Ciò potrebbe includere club locali, corsi online, gruppi di supporto, o libri e materiali che possono fornire conoscenze e strumenti utili. L'accesso alle risorse giuste può aprire molte porte e facilitare il processo.

Approccia ogni nuova esperienza con una mente aperta e curiosa. Anziché preoccuparti del risultato, concentra la tua attenzione sul processo di apprendimento e scoperta. Questo atteggiamento può aiutarti a goderti l'esperienza indipendentemente dall'esito.

Dopo aver provato qualcosa di nuovo, prenditi il tempo per riflettere sull'esperienza. Chiediti cosa hai imparato, come ti sei sentito e se è qualcosa che desideri esplorare ulteriormente. La riflessione è un passaggio cruciale che può guidare la tua prossima decisione su quale nuova possibilità esplorare.

Circondarti di persone che supportano la tua esplorazione di nuove possibilità può fare una grande differenza. Amici, familiari, o colleghi che incoraggiano e celebrano i tuoi sforzi possono non solo offrire sostegno morale ma anche spunti e opportunità che potresti non aver considerato.

Mentre esplori nuove possibilità, mantieni la flessibilità. Non tutte le esperienze andranno come previsto, e alcune potrebbero non essere così piacevoli o gratificanti come speravi. Essere flessibili ti permette di adattarti e cambiare corso quando necessario, imparando da ogni esperienza lungo il cammino.

Esplorare nuove possibilità è un modo eccellente per rompere con vecchie abitudini e per scoprire nuovi aspetti di sé stessi.

Celebrare la vita significa riconoscere e apprezzare la bellezza e la gioia nelle piccole cose di ogni giorno, un approccio che può trasformare profondamente la percezione della propria esistenza, specialmente per coloro che si stanno riprendendo da una dipendenza affettiva. Imparare a trovare la felicità nei momenti quotidiani e nelle piccole vittorie può contribuire notevolmente alla costruzione di una vita soddisfacente e significativa.

Una delle pratiche più efficaci per celebrare la vita è coltivare un senso di gratitudine. Iniziare o terminare la giornata annotando tre cose per cui si è grati può cambiare la prospettiva sulle proprie circostanze, spostando l'attenzione da ciò che manca a ciò che è presente. La gratitudine aiuta a riconoscere il valore nelle piccole gioie quotidiane, come un buon caffè al mattino, il canto degli uccelli, o un sorriso amichevole.

Spesso, i momenti più semplici possono offrire le gioie più profonde. Prendersi il tempo per godere di un tramonto, passeggiare in un parco, gustare un pasto delizioso, o ascoltare la propria canzone preferita può rinnovare l'apprezzamento per le semplici bellezze della vita. Cercare attivamente questi momenti può migliorare la qualità della vita quotidiana.

Il contatto con la natura è noto per i suoi effetti benefici sul benessere emotivo e fisico. Trascorrere tempo all'aria aperta, che si tratti di giardinaggio, escursionismo, o semplicemente di sedersi in un parco, può aiutare a riconnettersi con il mondo naturale e trovare serenità e bellezza nelle sue offerte.

Le relazioni con familiari, amici e anche conoscenti possono essere fonti immense di gioia e soddisfazione. Celebrare queste connessioni, attraverso gesti di gentilezza, momenti di qualità trascorsi insieme, o semplicemente esprimendo apprezzamento, può rafforzare i legami e arricchire la propria esperienza di vita.

Dedicarsi a hobby o attività che appassionano può portare una nuova scintilla di gioia nella vita. Che si tratti di arte, musica, sport o scrittura, l'impegno in queste attività può offrire non solo un senso di realizzazione, ma anche momenti di puro divertimento.

La mindfulness, o la pratica di essere pienamente presenti nel momento, può aiutare a cogliere la bellezza nelle esperienze quotidiane che altrimenti potrebbero essere trascurate. Praticare la mindfulness durante le attività quotidiane può aiutare a vivere ogni momento più pienamente e a riconoscere la gioia che questi possono portare.

Non importa quanto piccoli, celebrare i propri successi è cruciale. Riconoscere e festeggiare i propri traguardi, sia essi grandi avanzamenti o piccoli passi avanti, può rafforzare l'autostima e motivare ulteriori sforzi.

Celebrare la vita in tutte le sue forme è un potente antidoto contro la negatività e un modo per riconoscere il valore di ogni giorno.

La gratitudine è più di un semplice ringraziamento; è un approccio profondo alla vita che può trasformare radicalmente il nostro benessere emotivo. Studi in psicologia positiva hanno dimostrato che praticare regolarmente la gratitudine può aumentare la felicità, ridurre la depressione e rafforzare la resilienza di fronte alle avversità. Per chi sta superando una dipendenza affettiva, coltivare un senso di gratitudine può essere particolarmente potente, aiutando a ridisegnare le prospettive e rafforzare le connessioni personali e spirituali.

Esprimere gratitudine non solo migliora il proprio umore, ma rafforza anche le relazioni con gli altri. Ringraziare le persone per atti di gentilezza o semplicemente per la loro presenza nella nostra vita può creare e approfondire i legami, rendendo le relazioni più soddisfacenti. Le persone si sentono più apprezzate e a loro volta sono più propense a continuare a comportarsi in modo positivo e di supporto.

La gratitudine non solo migliora il benessere emotivo, ma può anche avere benefici fisici. Gli individui che praticano regolarmente la gratitudine tendono a sperimentare meno dolore, godono di un sonno migliore, e possono avere sistemi immunitari più forti. Questo è in parte dovuto al fatto che la gratitudine può ridurre il livello di stress, un noto fattore di rischio per molte malattie.

La gratitudine può aiutare a mitigare le emozioni negative come invidia, risentimento, frustrazione e rimpianto. Focalizzarsi su ciò per cui si è grati riduce la tendenza a confrontarsi negativamente con gli altri. Invece di rimuginare su ciò che manca, la gratitudine sposta l'attenzione su ciò che è presente, favorendo un senso più profondo di contentezza.

Praticare la gratitudine può aiutare a sviluppare una maggiore resilienza di fronte agli stress e alle sfide della vita. Riconoscere gli aspetti positivi anche nei momenti difficili può aiutare a mantenere la speranza e la forza interiore necessarie per superare le avversità.

La gratitudine può facilitare il perdono, anche nei confronti di sé stessi o di situazioni passate che hanno causato dolore. Essere grati per le lezioni apprese e per le opportunità di crescita aiuta a rilasciare vecchi rancori e a muoversi verso un futuro più pacifico e soddisfacente.

**Come Praticare la Gratitudine**

**Diario della Gratitudine**: Mantenere un diario dove quotidianamente si annotano tre o più cose per cui si è grati può aiutare a sviluppare un'abitudine costante di riconoscimento delle benedizioni quotidiane.

**Meditazione sulla Gratitudine**: Dedicare tempo alla riflessione silenziosa sui doni della vita può approfondire la consapevolezza e l'apprezzamento.

**Lettere di Gratitudine**: Scrivere lettere di ringraziamento a coloro che hanno avuto un impatto positivo nella propria vita può rafforzare le relazioni e aumentare la propria felicità.

**Espressione Verbale**: Rendere un'abitudine esprimere gratitudine verbalmente alle persone intorno può migliorare la qualità delle interazioni quotidiane e rafforzare i legami personali.

Incorporare la gratitudine nella propria vita quotidiana può essere una delle strategie più efficaci e trasformative per chiunque cerchi di superare la dipendenza affettiva e di costruire una vita soddisfacente.

# CONCLUSIONE

Mentre ci avviciniamo alla fine di questo viaggio esplorativo sulla dipendenza affettiva, è essenziale riflettere sui passi compiuti e sulle nuove consapevolezze acquisite. Attraverso i capitoli di questo libro, abbiamo esaminato le molteplici sfaccettature della dipendenza affettiva, dalle sue radici psicologiche e biologiche, ai modi in cui si manifesta nella vita quotidiana e come può influenzare profondamente le relazioni e l'interazione sociale.

Abbiamo imparato che la dipendenza affettiva non è semplicemente un problema di "bisogno eccessivo di amore o approvazione", ma una complessa rete di comportamenti, emozioni e storie personali che richiede comprensione, pazienza e, soprattutto, compassione. Le strategie discusse in questo libro, dalle tecniche di gestione delle emozioni alla ricostruzione dell'autostima e all'importanza di stabilire relazioni sane, sono tutte tese a fornire gli strumenti necessari per iniziare un percorso verso la guarigione.

Il primo passo nel superare la dipendenza affettiva è riconoscerla. Questo processo di auto-riconoscimento è forse uno dei più difficili, perché richiede di ammettere la propria vulnerabilità e le proprie paure. Tuttavia, è anche il passo più potente verso la libertà personale. Abbiamo visto come il riconoscimento possa spianare la strada a un cambiamento significativo e duraturo.

Un tema ricorrente in tutto il libro è stato il valore del supporto sia professionale che personale. Non siamo isolati nelle nostre lotte; cercare aiuto è un segno di forza e non di debolezza. I gruppi di supporto, la terapia, e il sostegno di amici e familiari sono risorse inestimabili che possono fornire forza e consolazione nei momenti di dubbio.

Abbiamo anche discusso come il percorso di recupero dalla dipendenza affettiva possa essere un'opportunità per riflettere sui propri valori, esplorare nuovi interessi e costruire una vita di significato. Ogni passo fatto verso la comprensione di sé e il rafforzamento delle proprie capacità di affrontare le sfide della vita non è solo un passo verso la guarigione dalla dipendenza affettiva, ma anche verso la realizzazione di sé.

Infine, è cruciale riconoscere che il percorso di guarigione dalla dipendenza affettiva è un processo continuo. Non ci sono soluzioni rapide o facili. Ci saranno successi e inevitabili battute d'arresto. Tuttavia, ogni esperienza fornisce preziose lezioni che possono aiutare a consolidare la resilienza e la saggezza.

In conclusione, mentre chiudiamo le pagine di questo libro, non si chiude il viaggio di crescita personale. Con le strategie e le conoscenze acquisite, sei ora meglio attrezzato per navigare la complessità delle relazioni e per costruire una vita di autonomia emotiva e felicità personale. Ricorda, sei il protagonista della tua storia e hai il potere di trasformare le tue vulnerabilità in forze. Continua a camminare con coraggio e curiosità, e lascia che ogni nuovo giorno sia un'opportunità per crescere, amare e vivere pienamente.

# CAPITOLI BONUS

# Capitolo Bonus 1: Il ruolo della sessualità nella dipendenza affettiva

La sessualità può svolgere un ruolo complesso e significativo nelle dinamiche della dipendenza affettiva, intrecciandosi profondamente con le emozioni e influenzando il comportamento relazionale di una persona. Nella dipendenza affettiva, la sessualità può non solo emergere come una manifestazione del bisogno di intimità e connessione ma può anche diventare un campo in cui si manifestano insicurezze, dipendenze e manipolazioni. Approfondire questa connessione aiuta a comprendere meglio come la sessualità possa agire sia come causa sia come conseguenza della dipendenza affettiva.

In molti casi, le persone con dipendenza affettiva possono usare la sessualità come un mezzo per esprimere o soddisfare i loro bisogni emotivi non realizzati. La sessualità diventa un veicolo per cercare vicinanza, sicurezza, conferma e accettazione. Questo uso della sessualità può portare a una fusione confusa tra amore e desiderio, dove il sesso può essere erroneamente interpretato come un indicatore dell'amore o dell'affetto di un partner.

In relazioni caratterizzate dalla dipendenza affettiva, la sessualità può essere usata come uno strumento di manipolazione. Una persona potrebbe utilizzare il sesso per mantenere o riconquistare il controllo sul partner o per evitare l'abbandono. Questo può creare un ciclo di comportamento in cui la sessualità è non solo espressione di amore ma anche un mezzo per ottenere sicurezza o stabilità emotiva.

Individui con dipendenza affettiva spesso lottano con problemi di autostima e possono cercare nella sessualità una validazione della loro autostima. La conferma sessuale viene interpretata come un endorsement del proprio valore da parte del partner, legando strettamente l'autostima alla vita sessuale e rendendo la persona vulnerabile a dinamiche relazionali poco salutari.

La dipendenza affettiva può portare a comportamenti sessuali rischiosi o non protetti, poiché l'individuo potrebbe trascurare le pratiche sicure a favore della vicinanza emotiva o per compiacere il partner. Questo può esporre la persona a rischi per la salute fisica e emotiva, inclusi malattie sessualmente trasmissibili e disagio psicologico.

La fusione tra sesso e amore può portare a confusione emotiva, dove l'intimità fisica è erroneamente percepita come intimità emotiva. Questo può complicare il processo di guarigione dalla dipendenza affettiva, poiché disentangling questi sentimenti richiede lavoro interiore significativo e spesso il supporto di un terapeuta.

**Strategie per Gestire la Sessualità nella Dipendenza Affettiva**

- **Terapia individuale o di coppia**: La terapia può aiutare a esplorare e risolvere le questioni relative alla sessualità e dipendenza affettiva, lavorando attraverso le emozioni e migliorando la comunicazione.
- **Educazione e consapevolezza**: Essere informati sulla sessualità e sulla salute sessuale può aiutare a prendere decisioni più informate e sicure.
- **Stabilire confini chiari**: Imparare a stabilire e mantenere confini sani è cruciale per una vita sessuale salutare e per relazioni equilibrate.

Comprendere e affrontare il ruolo della sessualità nella dipendenza affettiva è essenziale per il recupero e per lo sviluppo di relazioni più sane e rispettose.

Nelle relazioni tossiche, la sessualità può essere spesso sfruttata come uno strumento di potere e manipolazione, trasformando un aspetto fondamentale dell'intimità umana in un mezzo per esercitare controllo sull'altro. Questo abuso del sesso può avere implicazioni profonde non solo per la dinamica della relazione, ma anche per il benessere emotivo e psicologico di chi ne è vittima. Analizziamo come il sesso può essere utilizzato in questo modo e quali sono le conseguenze.

In molte relazioni tossiche, il sesso può diventare un'arma di controllo. Una parte può utilizzare il sesso per esercitare potere sull'altra, manipolando i suoi sentimenti di affetto e desiderio per ottenere conformità o per punire. Questo può assumere varie forme, come costringere il partner a compiacere sessualmente, utilizzare il rifiuto sessuale come forma di punizione, o manipolare emotivamente il partner per indurlo a consentire a comportamenti sessuali non desiderati.

Chi usa il sesso come strumento di controllo può anche ricorrere alla colpevolizzazione o alla vergogna per mantenere la propria autorità. Questo può includere commenti denigratori sulla performance sessuale del partner o sul suo desiderio, che possono minare l'autostima del partner e renderlo più dipendente emotivamente e meno propenso a opporsi o a lasciare la relazione.

Il controllo attraverso la sessualità può anche creare una sorta di dipendenza. Il manipolatore può alternare tra ricompense sessuali e rifiuti improvvisi, creando un ciclo di 'alti' e 'bassi' che può far sentire la vittima emotivamente dipendente e confusa. Questa montagna russa emotiva può rendere difficile per la vittima riconoscere la natura abusiva della relazione e cercare aiuto.

L'utilizzo della sessualità come controllo può anche isolare la vittima dagli amici e dalla famiglia, rendendola più vulnerabile all'abuso. Il manipolatore può imporre restrizioni su chi il partner può vedere o su come si comporta socialmente, spesso giustificando questi comportamenti come prove di 'vero amore' o di 'impegno' nella relazione.

Le conseguenze di usare il sesso come strumento di controllo possono essere durature. Le vittime possono sperimentare problemi di immagine corporea, disturbi dell'umore come depressione o ansia, e possono avere difficoltà a stabilire relazioni intime sane in futuro. La terapia e il supporto sono spesso necessari per aiutare le vittime a recuperare e a costruire relazioni più sane.

## Strategie di Intervento e Supporto

- **Consapevolezza e Educazione**: Informare le persone sui segni di una relazione tossica e sulle tattiche di manipolazione sessuale può aiutare a prevenire l'abuso.
- **Supporto Professionale**: La terapia individuale o di coppia può essere cruciale per affrontare e modificare le dinamiche disfunzionali di una relazione.
- **Risorse Comunitarie**: Gruppi di supporto e risorse comunitarie possono offrire assistenza e guida alle vittime di relazioni tossiche.

Esplorare e comprendere come la sessualità possa essere usata come strumento di manipolazione può aiutare le vittime a riconoscere i segni di abuso e a cercare aiuto. È essenziale per la guarigione riconoscere questi schemi e lavorare attivamente per costruire relazioni basate sul rispetto reciproco e sulla comunicazione sana.

Riscoprire il piacere sessuale in modo sano e autonomo è un aspetto cruciale della guarigione per chi è stato coinvolto in relazioni tossiche o ha sperimentato dipendenza affettiva. La sessualità, quando vissuta in modo consapevole e rispettoso, può essere una fonte significativa di gioia e connessione con sé stessi e con il partner. Ecco come si può lavorare per ristabilire un rapporto sano e piacevole con la propria sessualità.

La prima tappa per riscoprire il piacere sessuale inizia con l'educazione. Comprendere i propri diritti e bisogni sessuali, le basi della salute sessuale, e i principi del consenso è fondamentale. Questo può includere la lettura di libri informativi, la partecipazione a workshop, o la consultazione con un terapeuta sessuale. L'educazione aiuta a demolire i miti e le concezioni errate sulla sessualità che possono essere radicati durante le relazioni tossiche.

L'esplorazione personale può aiutare a riconnettersi con il proprio corpo e a scoprire ciò che realmente provoca piacere. Questo può includere la sperimentazione con la masturbazione in un ambiente privo di giudizi, che può essere un modo efficace per capire le proprie preferenze sessuali senza la pressione di un partner. Riconoscere e accettare i propri desideri può rafforzare l'autonomia e la fiducia in sé stessi.

In una relazione, comunicare apertamente i propri bisogni e desideri sessuali è essenziale per una sessualità piacevole e sana. Questo richiede coraggio e vulnerabilità, specialmente dopo esperienze di dipendenza affettiva. Imparare a esprimere i propri bisogni e a negoziare confini sani con un partner rispettoso può trasformare l'esperienza sessuale in una di condivisione e piacere reciproco.

Le persone che emergono da relazioni tossiche possono spesso portare con sé sentimenti di vergogna o colpa legati alla sessualità. Lavorare con un terapeuta per affrontare e superare questi sentimenti può liberare dal peso emotivo e permettere una riscoperta del piacere sessuale senza auto-giudizio.

Ogni persona ha il proprio ritmo nel riscoprire la sessualità. Non c'è fretta nel raggiungere determinati obiettivi sessuali. Rispettare il proprio ritmo aiuta a evitare la pressione e a mantenere l'esperienza positiva. È importante ascoltare il proprio corpo e le proprie emozioni, procedendo solo quando ci si sente veramente pronti.

L'autostima sessuale è la percezione che una persona ha del proprio valore in un contesto sessuale. Rafforzare l'autostima sessuale può includere l'accettazione del proprio corpo, il riconoscimento del proprio diritto al piacere e l'affermazione delle proprie capacità di essere un partner sessuale desiderabile e competente.

Infine, è utile riconoscere che il piacere può venire da molte fonti, non solo dalla sessualità. Investire tempo in passioni, hobby, amicizie e altre forme di connessione emotiva può rafforzare il senso generale di benessere e soddisfazione nella vita.

Riscoprire il piacere sessuale in modo sano dopo una dipendenza affettiva richiede tempo, pazienza e impegno. Tuttavia, è un viaggio che può portare a una maggiore autocomprensione, felicità e una connessione più profonda con gli altri.

Mantenere una sessualità appagante e soddisfacente è un aspetto fondamentale delle relazioni sane. Una connessione sessuale salutare non solo rafforza il legame emotivo tra i partner, ma contribuisce anche al benessere individuale di entrambi. Per le persone che si stanno riprendendo da una dipendenza affettiva, stabilire e mantenere una sessualità sana può essere particolarmente sfidante ma anche immensamente gratificante. Ecco alcuni consigli per coltivare una sessualità appagante e soddisfacente all'interno di una relazione sana.

La base di una sessualità sana in una relazione è la comunicazione aperta e onesta. I partner dovrebbero sentirsi liberi di esprimere i propri desideri, preferenze e limiti senza timore di giudizio o rifiuto. Questa comunicazione dovrebbe includere discussioni su cosa entrambi trovano piacevole, le frequenze desiderate di attività sessuale, e qualsiasi problema o preoccupazione che possa emergere.

Ogni individuo ha i propri confini e limiti personali, che possono cambiare nel tempo. È cruciale che entrambi i partner rispettino questi confini e siano disposti a discuterne apertamente. Questo rispetto reciproco contribuisce a un ambiente in cui entrambi i partner si sentono sicuri e valorizzati.

Il consenso è un elemento essenziale in ogni attività sessuale. Deve essere informato, esplicito e revocabile in qualsiasi momento. I partner dovrebbero sentirsi a proprio agio nel dire "sì" e avere la libertà di dire "no" senza pressioni o conseguenze negative.

Una relazione sana permette ad entrambi i partner di esplorare e sperimentare insieme, trovando modi che soddisfano entrambi. Questo può includere provare nuove posizioni, fantasie o addirittura attività sessuali. L'esplorazione condivisa può portare a scoperte sorprendenti e rafforzare la connessione tra i partner.

Mantenere un approccio di apprendimento continuo sulla sessualità può migliorare significativamente l'esperienza sessuale. Ciò può includere leggere libri, partecipare a workshop, o consultare professionisti della salute sessuale. Un'educazione sessuale approfondita può aiutare a navigare meglio le complessità della sessualità e adottare pratiche salutari.

La sessualità in una relazione sana non riguarda solo l'atto fisico, ma anche la connessione e l'intimità emotiva che ne deriva. Spendere tempo per coltivare l'intimità fuori dalla camera da letto attraverso conversazioni profonde, tempo di qualità trascorso insieme, e gesti di affetto può migliorare notevolmente l'intimità sessuale.

Affrontare insieme le difficoltà sessuali può rafforzare una relazione. Che si tratti di problemi di desiderio, prestazioni o altre preoccupazioni sessuali, affrontarli con empatia e comprensione può prevenire sentimenti di isolamento o frustrazione. Cercare aiuto professionale insieme può essere un modo efficace per gestire questi problemi.

Coltivare una sessualità appagante e soddisfacente all'interno di una relazione sana richiede impegno, rispetto e cura reciproca. Con la giusta comunicazione e un approccio consapevole, i partner possono godere di un'intimità che non solo li soddisfa fisicamente ma li arricchisce emotivamente. Questi principi sono fondamentali per qualsiasi relazione e possono servire da guida per chi cerca di costruire e mantenere legami amorosi appaganti.

# Capitolo Bonus 2: La dipendenza affettiva nell'era digitale

L'impatto dei social media sulle relazioni moderne è profondo e complesso, specialmente per chi soffre di dipendenza affettiva. In un'era digitale dominata dalla connessione costante e dall'accesso immediato agli altri, i social media possono facilmente amplificare dinamiche relazionali già tossiche, rendendo più difficile per gli individui affrontare o riconoscere i loro problemi di dipendenza affettiva. Qui esaminiamo come i social media influenzano queste dinamiche e quali passi possono essere intrapresi per mitigare gli effetti negativi.

I social media possono intensificare il bisogno di approvazione e accettazione, alimentando la dipendenza affettiva. La quantità di "mi piace", commenti e condivisioni diventa un barometro del valore personale per alcuni individui, rendendo la loro autostima eccessivamente dipendente dalle reazioni altrui. Questo può portare a un circolo vizioso di ricerca costante di conferma attraverso interazioni digitali, che a loro volta possono non essere autentiche o significative.

Le piattaforme social offrono spesso una visione idealizzata e curata delle relazioni, che può instillare aspettative irrealistiche negli utenti. Le persone con dipendenza affettiva possono trovare difficile distinguere tra queste rappresentazioni idealizzate e la realtà delle relazioni umane, che sono inevitabilmente più imperfette e complicate. Questa distorsione può aggravare la sensazione di insoddisfazione nelle proprie relazioni reali e spingere ulteriormente verso comportamenti di dipendenza.

I social media rendono molto facile monitorare costantemente le attività del partner, alimentando comportamenti ossessivi o controllore. Chi soffre di dipendenza affettiva può trovarsi a controllare compulsivamente i profili online del partner, analizzando ogni post, like o interazione con altri utenti. Questo può portare a gelosie, ansie e conflitti non necessari, deteriorando ulteriormente la qualità delle relazioni.

Mentre i social media possono aumentare il numero di connessioni, la qualità di queste relazioni è spesso superficiale. Per chi è dipendente affettivo, c'è il rischio di sostituire relazioni profonde e significative con interazioni online effimere e superficiali, che non soddisfano il bisogno autentico di intimità e connessione emotiva.

I social media possono anche essere uno strumento per il cyberbullismo e la manipolazione, particolarmente dannoso per coloro che sono già vulnerabili emotivamente. Le dinamiche di potere tossiche possono proliferare facilmente online, dove gli aggressori possono utilizzare l'anonimato o la distanza per esercitare controllo o infliggere dolore senza le conseguenze immediate che avrebbero in un'interazione faccia a faccia.

**Strategie di Mitigazione**

Per mitigare l'impatto negativo dei social media sulla dipendenza affettiva, si possono adottare diverse strategie:

- **Limitare il Tempo Online**: Stabilire limiti chiari sull'uso dei social media può aiutare a ridurre la dipendenza da queste piattaforme.
- **Focus sulla Qualità delle Relazioni**: Prioritizzare le interazioni faccia a faccia o le comunicazioni più significative può rafforzare le relazioni autentiche.
- **Educazione e Consapevolezza**: Informarsi sull'impatto psicologico dei social media può fornire le competenze per navigare questi spazi più consapevolmente.
- **Supporto Professionale**: La terapia può aiutare a affrontare le radici della dipendenza affettiva e sviluppare strategie più sane di gestione delle relazioni interpersonali.

Comprendere e affrontare l'influenza dei social media è essenziale per chi lotta con la dipendenza affettiva. Riconoscere i rischi associati e adottare misure preventive può proteggere la salute emotiva e migliorare la qualità delle relazioni interpersonali.

Il cyberbullismo e lo stalking online rappresentano forme di abuso psicologico che possono avere impatti devastanti, soprattutto su individui con dipendenza affettiva, i quali possono essere particolarmente vulnerabili a causa della loro ricerca di approvazione e affetto. Questi comportamenti nocivi possono manifestarsi in vari modi, come messaggi minacciosi, diffusione di informazioni private o umilianti, e molestie persistenti tramite i social media.

Il cyberbullismo e lo stalking online possono esacerbare i sentimenti di isolamento, ansia e depressione. Le persone affette da dipendenza affettiva possono essere particolarmente sensibili a queste forme di aggressione, poiché tendono ad avere una maggiore dipendenza dall'approvazione sociale e una più bassa autostima. La natura spesso anonima o remota del cyberbullismo può rendere queste aggressioni particolarmente intense e difficili da gestire, poiché il perpetratore può non percepire pienamente le conseguenze delle sue azioni, mentre la vittima può sentirsi impotente e intrappolata.

Individui con dipendenza affettiva possono reagire a questi attacchi con un incremento della dipendenza emotiva verso i loro aggressori, specialmente in dinamiche di relazioni dove lo stalking diventa una forma perversa di attenzione. Inoltre, possono essere più propensi a tollerare comportamenti abusivi nella speranza di recuperare l'approvazione e l'affetto perduti, aggravando ulteriormente la loro condizione psicologica ed emotiva.

La gestione del cyberbullismo e dello stalking richiede interventi proattivi e supporto:

- **Implementare Misure di Sicurezza**: Utilizzare le impostazioni di privacy sui social media, cambiare frequentemente le password e limitare le informazioni personali condivise online.

- **Ricerca di Supporto Legale e Psicologico**: Consultare professionisti per strategie legali contro i cyberbulli e per supporto psicologico nel gestire lo stress e la paura causati dall'abuso.
- **Educazione e Sensibilizzazione**: Informarsi sui diritti digitali e su come riconoscere e reagire legalmente al cyberbullismo e allo stalking online.
- **Rete di Supporto**: Costruire una rete di amici, familiari e colleghi che possano offrire supporto emotivo e concretizzare una presenza rassicurante.

Incoraggiare lo sviluppo di una maggiore resilienza può aiutare a mitigare gli effetti del cyberbullismo. Ciò include lavorare sull'autostima, praticare l'assertività, e sviluppare una più forte identità indipendente dall'approvazione altrui. Questi passi possono potenziare la capacità di un individuo di resistere alle pressioni psicologiche e di riprendersi più rapidamente dagli attacchi.

Affrontare il cyberbullismo e lo stalking online richiede una strategia complessa che coinvolge sia la prevenzione che l'intervento diretto, particolarmente per le persone con dipendenza affettiva, per le quali queste esperienze possono rappresentare non solo un abuso ma anche un significativo rischio di deterioramento delle loro condizioni psicologiche.

La dipendenza da smartphone è un fenomeno sempre più rilevante nella società moderna, con implicazioni profonde per coloro che soffrono anche di dipendenza affettiva. Questi dispositivi, che ci permettono di rimanere costantemente connessi con gli altri, possono facilmente diventare una fonte di dipendenza emotiva, soprattutto per individui che già lottano con un attaccamento insicuro nelle relazioni personali. Esploriamo come la dipendenza da smartphone e la dipendenza affettiva si influenzino reciprocamente e le strategie per gestire questa interdipendenza.

Gli smartphone facilitano una connettività continua che può essere particolarmente seducente per chi soffre di dipendenza affettiva. La possibilità di inviare messaggi, fare telefonate o semplicemente controllare i social media per vedere gli aggiornamenti dei propri cari può offrire una forma di rassicurazione immediata contro i sentimenti di solitudine o abbandono. Questo uso diventa problematico quando la persona non riesce più a gestire l'ansia o a funzionare adeguatamente senza accesso costante al proprio dispositivo.

La dipendenza da smartphone può rafforzare i comportamenti legati alla dipendenza affettiva attraverso il feedback immediato e le notifiche che stimolano il sistema di ricompensa del cervello. Questo rinforzo positivo può rendere il ciclo di controllo e verifica quasi compulsivo, creando un legame psicologico che è difficile da interrompere, simile a quello sperimentato con la dipendenza da sostanze.

Paradossalmente, nonostante la connessione apparentemente infinita che i smartphone sembrano offrire, la loro dipendenza può portare a un maggiore isolamento sociale. Gli individui possono ritrovarsi a preferire le interazioni online alle interazioni faccia a faccia, riducendo le opportunità di sviluppare relazioni personali reali e sostenibili, e aggravando il problema della dipendenza affettiva.

L'uso eccessivo di smartphone può avere un impatto negativo sulla salute mentale, aumentando i livelli di ansia e depressione, specialmente in coloro con dipendenza affettiva. Questi individui possono diventare eccessivamente dipendenti dalla validazione digitale come forma di approvazione sociale, aggravando le loro insicurezze esistenti.

**Strategie di Intervento**

Per affrontare la dipendenza da smartphone in relazione alla dipendenza affettiva, è fondamentale adottare strategie mirate:

- **Limitare l'uso del dispositivo**: Stabilire limiti chiari sull'uso del telefono, come momenti designati durante il giorno in cui il dispositivo viene messo da parte.
- **Rafforzare le interazioni faccia a faccia**: Incentivare più interazioni personali per rafforzare le relazioni reali e ridurre la dipendenza dalla connessione digitale.
- **Mindfulness e consapevolezza**: Praticare la mindfulness può aiutare a prendere maggiore consapevolezza del proprio comportamento di utilizzo del dispositivo e delle emozioni associate.
- **Supporto psicologico**: La terapia può essere utile per affrontare le radici della dipendenza affettiva e per sviluppare strategie più sane per gestire le relazioni e l'uso della tecnologia.

Comprendere e affrontare il legame tra dipendenza da smartphone e dipendenza affettiva richiede un approccio olistico che consideri sia gli aspetti tecnologici sia quelli emotivi, garantendo che gli individui possano sfruttare i benefici della tecnologia senza compromettere il loro benessere emotivo e relazionale.

L'uso sano dei dispositivi digitali è fondamentale in un'epoca in cui la tecnologia permea quasi ogni aspetto della vita quotidiana. Saper gestire efficacemente l'utilizzo di tali dispositivi non solo può prevenire la dipendenza tecnologica, ma anche migliorare la salute mentale e la qualità delle relazioni interpersonali. Per coloro che stanno affrontando o si sono ripresi da una dipendenza affettiva, il controllo consapevole dei dispositivi digitali può essere particolarmente cruciale. Ecco alcune strategie chiave per promuovere un uso sano e consapevole dei dispositivi digitali.

Imposta limiti chiari sull'uso dei dispositivi digitali, specialmente per quanto riguarda la frequenza e la durata dell'uso. Questo può includere designare orari specifici durante i quali è permesso l'uso del dispositivo e momenti in cui è meglio metterlo da parte, come durante i pasti, prima di andare a letto, o mentre si svolgono attività con amici e familiari. Impostare queste regole aiuta a prevenire l'uso eccessivo e incoraggia momenti di disconnessione necessari per il benessere mentale.

Prioritizza le interazioni faccia a faccia rispetto a quelle digitali. Incontra amici e familiari di persona quando possibile, per rafforzare i legami reali e ridurre la dipendenza dalle interazioni virtuali, che spesso possono essere meno soddisfacenti e più superficiali.

Pratica l'uso consapevole dei dispositivi, ponendoti domande come: "Ho davvero bisogno di usare il dispositivo in questo momento?" o "Sto usando la tecnologia per evitare situazioni emotive difficili?". Essere consapevoli delle motivazioni dietro l'uso dei dispositivi può aiutare a identificare e modificare comportamenti potenzialmente nocivi.

Utilizza la tecnologia in modi che supportino attivamente il tuo benessere. Ciò può includere l'uso di app per la meditazione, l'esercizio fisico, o l'apprendimento di nuove abilità. Questo aiuta a garantire che il tempo trascorso sui dispositivi contribuisca positivamente alla tua vita.

Considera l'utilizzo di app che monitorano quanto tempo trascorri sui tuoi dispositivi e quali applicazioni utilizzi di più. Questi strumenti possono offrire intuizioni preziose su abitudini potenzialmente dannose e aiutarti a fare scelte più informate riguardo al tuo consumo di tecnologia.

Designa aree della casa come zone libere da dispositivi, come la camera da letto o la sala da pranzo. Questo può aiutare a ridurre la tentazione di utilizzare costantemente il dispositivo e incoraggiare attività che non richiedono tecnologia, migliorando la qualità del sonno e delle relazioni familiari.

Informarsi sui potenziali rischi e benefici dell'uso dei dispositivi digitali. Comprendere come la tecnologia può influenzare la salute mentale e fisica ti permette di fare scelte più consapevoli riguardo al suo utilizzo.

Utilizzare dispositivi digitali in modo sano richiede impegno e consapevolezza, soprattutto in un mondo dove la tecnologia è onnipresente. Adottare queste strategie può aiutare a mantenere un equilibrio tra la vita digitale e quella reale, promuovendo un benessere generale e riducendo il rischio di dipendenza affettiva legata all'uso di tali tecnologie.

Se pensi che questo libro ti sia piaciuto

e ti abbia aiutato ti chiedo solo

di dedicare pochi secondi

a lasciare una breve recensione su

Amazon!


Grazie!


Italo Villa